公的扶助と自立論

最低生活保障に取り組む現場実践から

戸田典樹

明石書店

はしがき

　本書は、現代日本の公的扶助を代表する生活保護制度における自立論を
テーマにしている。生活保護利用者（以下、保護利用者）がどのような社
会資源を利用して「自立」をしていくのが望ましいのか、それに対して生
活保護行政はどのような社会福祉サービスを行うのが望ましいのかを考察
している。

　そのことを、生活保護行政と障がい者運動における自立論の乖離として
問いかけている。生活保護法の理念に照らし合わせれば、すべての国民は
誰でも、生活困窮した時には、いわゆる最低保障という仕組みを活かして
長期的視点をもった生活再建をしていくことができるはずだ。しかし、現
実の生活保護行政は、申請時に「同意書」「資産申告書」「収入無収入申告
書」など各種の書類の提出を求め、稼働能力や扶養義務者を徹底的に審査
する。ときに調査は DV を受けて縁を切った元夫にも及び、母子世帯家族
の忘れ去ろうとしていた過去を再びよみがえらせる。子どもの保育所送迎
に必要な自動車の保有も認められない。人として当たり前の敬意を表され
ない扱いに我慢できず、自ら申請を取り下げる人もいる。このような生活
保護行政の運用により、生活保護基準以下の収入で暮らす人のうち、実際
に生活保護を利用している人の割合を示した捕捉率は 10％から多くても

20％程度にすぎない。先進諸国の中では極めて低い数値となっている。さらに、やっとの思いで生活保護を受けても、あたかも不正に保護費を受け取っている福祉依存者であるかのように扱われる。

　私は長年、ケースワーカーとして現場で保護利用者と接してきたが、多くの人は不正受給者などではない。不正受給の割合は保護利用者の中の0.4％といわれるが、収入申告することを理解していない高校生のアルバイトなどを加えれば不正受給はさらにごく少数の人に限定される。多くの保護利用者が、生活や精神面、家族のことなど様々な問題を抱えて苦しんでいた。私たちと同じように人として不十分なところもあるかもしれないが、厳しい環境で困難を強いられてやっと生活保護にたどりついた人たちだ。長期的に、計画的に物事を考えられる状況ではなく、今をなんとか生きることで精一杯の人たちだ。そのことを、名もなき現場のケースワーカーたちはよく知っている。そして、たとえ政策が保護する必要がないと指示したとしても生活保護の本来の理念に基づき生活困窮者に主体的に生きてほしいと、支援を行うケースワーカーが存在する。

　しかし、そんな熱い思いをもって行動するケースワーカーは、必ずといってよいほど配置転換になる。今や障がい者運動では当たり前となった「他の人に頼るという生き方」が、保護利用者では抑制され、自助を強いられるのはなぜなのか。保護利用者の自己決定に基づく生き方がなぜ受け入れられないのか。

　このような実体験によって生まれた問題意識から、生活保護行政において政策に対峙する現場実践の立場から本書を執筆した。

　本書の構成は、序章「生活保護制度における自立論研究の概要」、第1章「生活保護制度における自立と自助についての政策動向の歴史的変遷」、第2章「『切れ目のない就労・自立支援とインセンティブの強化』という自立論を考える」、第3章「就労支援事業参加者を対象とした実態調査――就労意欲と就労阻害要因に着目して」、第4章「生活保護行政における伝統的自立論と新たな自立論」、第5章「日韓比較研究からみる新たな中間的就労の可能性――新たなセーフティネットの構築を目指して」、終章

「本研究の到達点と課題」という7章の構成になっている。

　序章「生活保護制度における自立論研究の概要」では、生活保護行政と障がい者運動における自立論が社会福祉制度の利用をめぐり相反する主張を行ってきたことに着目している。生活保護行政は制度成立後一貫して「勤労を怠る者」を排除し、扶養義務者からの援助を受けることによって保護への依存を最小限に抑えるという保護廃止を自立としてきた。その一方で、障がい者運動は当事者の自己決定を重視し、たとえ就労できず、一人で服を着ることができなくとも、親や施設の管理から離れて、社会福祉サービスを利用し、自らの意思に基づき生きることを自立として、わが国の社会福祉に新しい自立観を提起してきた。このような社会福祉の相反する自立観の存在に着目して、新たな生活保護制度における自立論を明らかにすることの必要性に言及した。このための研究対象は、生活保護制度における自立のための社会福祉サービスの現場実践である。なぜなら生活保護制度において自立への社会福祉サービスは、常に時代の貧困観と「社会福祉とは何か」という論点を提起してきたからである。なぜなら生活保護法はわが国の法律の中で唯一、憲法第25条に規定されている生存権保障の理念に基づき「健康で文化的な最低限度の生活を保障する」ことを規定しており、極めて権利性が高い。そして生活保護制度は、所得保障機能としての経済給付と社会福祉機能としての社会福祉サービスの側面を併せ持ち、生存権保障をめぐる争点が最も鮮明に表れる。

　第1章「生活保護制度における自立と自助についての政策動向の歴史的変遷」では、生活保護制度における自立論について歴史的、社会的な分析を行った。生活保護制度における自立論は、その時代の貧困観や社会福祉政策を反映する論点となっている。このため生活保護制度における自立論について歴史的、社会的な分析から、現代社会の課題を明らかにしようとした。これまで生活保護行政における自立論は、自助（自己責任、家族責任）による経済的自立を意図した「適正化」政策などとして展開された。そして、現代の自立論が、第四次「適正化」政策によって生活保護制度だけの見直しにとどまらず、社会的セーフティネット全体の見直しを伴うも

のであることを明らかにした。このため単に生活保護制度を利用する人だけでなく、排除された人、何らかの事情で利用できない人、など生活困窮する人たちの最低生活をどのようにして保障するのか、どのようにして自立を保障するのかという課題が生じることとなった。

　つまりわが国の不十分な生活保護行政は、保護利用者にとどまらず、生活困窮するすべての人を対象とし、最低生活保障を活かしてその人にふさわしい多様な生き方をどのようにして支えていくのかという自立論の課題を現場実践にもたらした。このため、改めて第四次「適正化」政策によって歪められた社会的セーフティネットを見直し、最低限度の生活を保障する所得保障の仕組みを構築するとともに、それを活かすための自立論の確立が求められていると提起した。

　第2章「『切れ目のない就労・自立支援とインセンティブの強化』という自立論を考える」では、先行研究の分析から2013年度の生活保護法「改正」とともに導入された「就労インセンティブを強調する自立論」について言及した。「就労インセンティブを強調する自立論」は、主にアメリカやイギリスなどで実施されてきた「福祉依存者」を対象とした就労支援策である。これらの国では、厳しい所得・資産調査を前提とした社会保障制度が整備されているが、稼働能力者でも公的扶助制度を特段の制限もなく利用でき、スティグマ（恥の烙印）を感じさせることも少ない。このような制度はすぐにでも働くことが可能な失業者、あるいは単純な就労阻害要因を抱えた者を「福祉依存者」とし、すぐに働くことの必要性を強調した。従って「就労インセンティブを強調する自立論」は、稼働年齢層であれば適用から排除してきた日本の生活保護制度にはなじまない。「福祉依存者」という問題を解決する前に、まずは低い捕捉率を改善し、稼働年齢層を包摂する生活保護制度へと転換する課題があると結論づけた。

　第3章「就労支援事業参加者を対象とした実態調査——就労意欲と就労阻害要因に着目して」では、現場実践に根ざした先行研究から、保護利用者が働くということが就労阻害要因、就労意欲（生活意欲）と所得保障にどのように関係しているのかを明らかにすることが必要であると考えた。

このため就労支援事業参加者を対象とした個人票調査、インタビュー調査から最低生活保障が就労意欲や就労阻害要因に、どのような影響を与えているのかを聞き取り、就労支援の4類型として課題を提示した。そして就労支援の4類型から「新しい自立論」を提起した。

第4章の「生活保護行政における伝統的自立論と新たな自立論」では、生活保護行政が抱える最大の問題点である超低保護率と保護申請手続きの複雑さ、スティグマ（恥の烙印）の付与が生まれる構造を、「北九州方式」や「大阪方式」と呼ばれる伝統的自立論から説明している。これらの地方自治体の生活保護行政は、保護を申請させず、早期に退出させるために、スティグマ（恥の烙印）を強調し、保護申請手続きへのハードルを設け、保護率を低く抑えてきた。「北九州方式」と「大阪方式」は、面接主査や警察OBの導入など職員体制や支援方法などの実施体制を見直し、行政主導型「地域福祉」や新たなセーフティネットの整備など稼働能力や扶養義務などを強調し、自己責任、家族責任、自助努力を迫る厳しい自立論という点で共通していた。

その一方で日常生活自立や社会生活自立を含めた多様な自立論をめざす江戸川区福祉事務所、山城北保健所福祉室、釧路市社会福祉事務所などの現場実践による自立論に着目した。これらの取り組みは保護利用者の最低生活保障という仕組みを活かし、個別の課題に着目し、生活再建を図るという実践の積み上げから形作られてきた。その中から江戸川区福祉事務所での長期にわたる貧困に対して、高校進学といった就学支援だけにとどまらない「生活力形成」や「生活関係形成」、山城北保健所福祉室での生活保護だからこそできる最低生活保障という機能を活かした、長期的展望に立った自立論、釧路市社会福祉事務所での、生きていくことに自信を失い、スティグマ（恥の烙印）に苦しむ人に向けた「自尊感情」や「自己肯定感」を取り戻し社会とつながるための「居場所」づくりや「中間的就労」という取り組みを紹介した。これらの取り組みは、超低保護率と保護申請手続きの複雑さ、スティグマ（恥の烙印）という生活保護行政が持つ最大の問題点の克服につながるという点で共通していた。

第5章の「日韓比較研究からみる新たな中間的就労の可能性――新たなセーフティネットの構築を目指して」では、日韓両国で見直しが進められた生活困窮者を対象とした所得保障策と就労支援策についての政策動向をさぐり、一般就労や福祉就労とは異なる第三の働き方として日本において注目された中間的就労について改めて評価を行っている。現在は日韓両国において公的扶助が就労インセンティブを強調し、最低生活保障という仕組みを見直すことにより、一般労働市場で働く者を増加させようとしている。そして、最低生活を保障することから就労自立を求める給付の仕組みへと変化を遂げている。そこから多様な自立を可能にする半福祉・半就労の取り組みである中間的就労という仕組みを整備していくのでなく、公的扶助における就労を保護から退出させるための一般就労だけに限定するハードなワークフェア政策が進んでいると評価した。

　終章「本研究の到達点と課題」では、生活保護行政において「自立助長」「自立支援」という名のもと手法を変えて保護から退出させることを進める就労自立論が展開されているということを述べた。この特徴は、生活保護基準を引き下げ、生活困窮者自立支援法や低所得者への年金制度の見直しなど、従来の行政運用によるものから法的見直しを行うものとなっている。そして、生活保護制度を縮小する政策動向を説明する。しかし現代の保護利用者は、「金をやるから働け」「就労支援プログラムに参加しろ」と命令されて、すぐに働けるのだろうか。そんな人はごく一部である。その前に、喪失した自信を取り戻したり、子育てのフォローをしたり、働く条件を整備しなければならない人もたくさん存在する。複合的な課題を抱えている人も存在している。そんな人たちに、専門性をもったケースワーカーがしっかりと寄り添い、多様な社会福祉サービスを提供する必要があるだろう。

　今、まさに社会福祉における自立論は、新たな政策動向が生まれ、歴史的転換点に立っている。しかし、社会福祉における自立論についての研究動向はこの重要な局面に危機感をもって立ち向かっているのだろうか。本書をもとに検討が始まれば幸いである。

序章

生活保護制度における自立論研究の概要

1. 本研究の目的、対象、方法

　生活保護行政は、わが国の社会福祉における中心的な自立論の一つを代表してきた。制度成立後、一貫して「勤労を怠る者」を排除し、扶養義務者からの援助を受ける自助によって保護への依存を最小限に抑え、就労を達成して保護を廃止させることを伝統的に自立としてきた（以下、「伝統的自立論」）。その一方で、障がい者運動はわが国の社会福祉に新しい自立観を提起してきた。当事者の自己決定を重視し、たとえ就労できず一人で服を着ることができなくとも、親や施設の管理から離れて、社会福祉サービスを利用し、自らの意思に基づき生きることを自立としてきた。このように、生活保護制度と障がい者運動における自立論は、社会福祉制度の利用をめぐり相反する主張を行ってきた。

　本研究の目的は、社会福祉に相反する自立観が存在することを前提にして、生活保護制度における今日的課題を明らかにし、新たな自立論を提起することにある。そして、日本の生活保護制度の特徴である超低保護率と

保護申請手続きの複雑さ、スティグマ（恥の烙印）の存在を解消すること
ができる自立論を確立することである。

　なお、厳しく保護からの退出を迫る生活保護行政の自立論に対峙して、
保護利用者の個別課題に着目し、最低生活保障の仕組みを活かす現場実践
から生まれた自立論が存在する。この現場実践が生活保護行政を変えてい
く原動力の一つになると考えられる。

　本研究の対象は、生活保護制度における政策を遂行する行政とそれに対
峙する現場実践の自立への社会福祉サービスである。なぜなら、社会福祉
サービスのいわゆる自立論は、常に時代の貧困観と「社会福祉とは何か」
という論点を提起してきたからである。

　生活保護法は、わが国の法律の中で唯一、憲法第25条に規定されてい
る生存権保障の理念に基づき「健康で文化的な最低限度の生活を保障す
る」ことを規定しており、極めて権利性が高い。そして、所得保障機能と
しての経済給付と、社会福祉機能としての社会福祉サービスを併せ持ち、
生存権保障をめぐる争点が最も鮮明に現れる。また、近年の生活保護制度
は経済給付の条件として就労を義務づけるワークフェア（workfare）政策
の影響を大きく受けており、社会福祉政策の今日的課題を具体的に表すも
のになると考えられる。このような理由に基づき、生活保護制度における
自立論について政策を忠実に執行する行政とこれに対峙する現場実践の自
立論を中心に考察することは研究方法の一つとして重要な意味をもつと考
えられる。

　本研究の方法は、次のとおり段階を追って進める。第一に生活保護制度
における自立論の歴史的変遷を分析し、生活保護行政が稼働能力者を排除
してきた経緯をたどり、包摂の必要性についての課題を明らかにする。第
二に、先行研究から現代の「適正化」政策を進める自立論である「就労イ
ンセンティブを強調する自立論」についての問題点とその課題を明らかに
する。第三に、生活保護制度を利用する人たち、とりわけ母子世帯の母親
やその他の世帯のワーキングプアなど稼働能力者の生活困難な状況を明ら
かにして、支援課題を示す。第四に、明らかになった支援課題に対して生

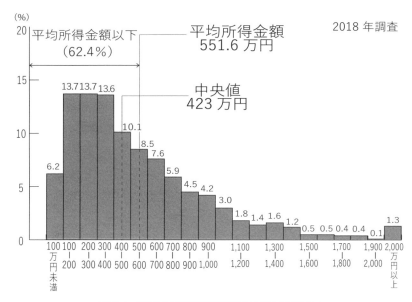

図 0.1：所得金額階級別世帯数の相対度数分布

出所：厚生労働省（2018）「平成 30 年　国民生活基礎調査の概況」
https://www.mhlw.go.jp/toukei/saikin/hw/k-tyosa/k-tyosa18/dl/03.pdf（2019.9.28 確認）

活保護制度の最前線で働く地方自治体職員の取り組みを示す。第五に、国際比較研究、とりわけ韓国の自活事業を参考に日本の取り組みを考える。最後に、生活保護制度における現場実践の今日的課題を明らかにし、新しい自立論への条件整備について理論化を図る。

2．本研究の社会的背景

　2000 年代に入り、わが国では貧困・格差が放置できない問題として表面化している。例えば、図 0.1 のとおり国民一世帯あたりの平均所得は2018 年で 551.6 万円となる。これは 1994 年の 664.2 万円と比べれば17％低下している[1]。さらに所得格差を表すジニ係数は、1993 年に 0.44

1 厚生労働省（2017）「平成 29 年 国民生活基礎調査の概況」https://www.mhlw.go.jp/toukei/saikin/hw/k-tyosa/k-tyosa17/dl/10.pdf（2019.9.27 確認）

であったのに対して、2014 年は 0.57 と過去最大値を記録している[2]。後藤（2007）は、生活保護基準以下の収入しか得られていない人たちが 1997 年に 836.9 万世帯（18.1％）存在し、2002 年には 1105.1 万世帯（22.3％）と 5 年間で 268.2 万世帯（4.2％）増加していることを報告している[3]。このような状況のもと、生活保護受給者数は 2011 年 4 月現在で 202.2 万人に達している[4]。200 万人を超えたのは戦後の混乱期で最も多かった 1952 年度以来、59 年ぶりのことになる。このように、わが国は 1991 年のバブル経済の崩壊から 2008 年のリーマンショックを経て、経済不況が続き、「失われた 30 年」が過ぎた。さらに新型コロナウイルスにより、経済状況は悪化をたどり、暮らし向きは改善されていない。非正規雇用で働く女性の自殺者数は、2020 年 10 月で前年同月比、約 83％増と男性の約 22％増を大きく上回っている[5]。

　富める者と窮する者との格差拡大が問題となり、生活に困窮する世帯が増加している。図 0.1 をみると、所得金額の中央値（所得を低いものから高いものへと順に並べて 2 等分する境界値）は 423 万円以下の世帯である。そして、「100 万未満」が 6.2％、「100 万〜 200 万円未満」及び「200万〜 300 万円未満」がそれぞれ 13.7％、「300 万〜 400 万円未満」が 13.6％、「400 万〜 500 万未満」が 10.1％と、全体の 57.3％を占める。平均所得金額（551 万 6 千円）以下でみれば 62.4％となっている。

　この間に、政府は景気回復策として、終身雇用制、年功序列、企業福祉という日本型雇用慣行を、非効率で時代遅れのシステムとみなして見直しを進めた。日本型雇用慣行の見直しは、労働者派遣制度の規制緩和に典型的事例をみることができる。はじめに、1986 年に「労働者派遣法」が制定された。次いで、1996 年にソフトウェア開発・保存、通訳、翻訳、速

---

2 厚生労働省（2016）「平成 5 年，平成 29 年度所得再配分調査報告書」e-Stat https://www.e-stat.go.jp/stat-search/files?page=1&toukei=00450422&tstat=000001024668（2019.9.27 確認）
3 後藤道夫（2007）「ワーキング・プアと国民の生存権」『経済』2007 年 8 月号，45 頁.
4 厚生労働省（2011）「福祉行政報告例（平成 24 年 4 月分概数）」
5 William Pesek（2020）「コロナ禍で日本人女性の自殺が急増，『特有の悲劇』が顕在化」https://forbesjapan.com/articles/detail/38829（2020.12.30 確認）

記など 26 業種にかぎり労働者派遣が解禁された。さらに 1999 年には労働者派遣の対象がポジティブリスト方式からネガティブリスト方式に「改正」され、港湾運輸業務や建設業務など以外は原則自由になり、派遣業種は拡大した。加えて、2004 年には製造業にも労働者を派遣することができるようにし、紹介派遣制度を法制化した。その結果、現在わが国では全労働者の 37.9% もの人々が非正規労働者（派遣労働者、短時間勤務社員、契約社員など）として不安定な就労に従事している[6]。

　そのような現状で、社会保障制度や社会福祉制度などの社会的セーフティネットは、雇用、労働政策の不備を補う重要な役割を担っている。しかし、生活保護基準の引き下げにみられるように、社会的セーフティネットは縮小していくばかりである。

　このような問題意識に立ち、生活保護制度における自立論について検討を加える。

(1) 生活保護行政による稼働能力者排除を目的とした「自立支援」策

　生活保護法は、戦後の民主主義改革によって生まれた。その中で原則的に失業者などが実際に生活に困窮していれば、どのような人でも無差別平等に保護を適用するという「一般扶助主義」を採用している。

　しかし、生活保護行政の実態は、法律に定められていない行政運用により稼働能力者を排除するという、戦前から続く「制限扶助主義」を採用している。これは救護法（1929）や旧生活保護法（1946）において条文化されていた欠格条項と関係する。欠格条項とは、「能力があるにもかかわらず、勤労の意思のない者、勤労を怠る者その他生計の維持に努めない者」「素行不良な者」は、どのような場合であっても保護の対象としないという例示である。現行生活保護法第 2 条は、「すべて国民は、この法律の定める要件を満たす限り、この法律による保護を、無差別平等に受けることができる」という無差別平等原理を規定している。その一方で、第 4

---

6 総務省統計局（2019）「労働力調査（詳細集計）平成 30 年（2018 年）平均（速報）」
https://www.stat.go.jp/data/roudou/sokuhou/nen/dt/pdf/index1.pdf（2019.9.27 確認）

条では「その利用し得る資産、能力その他あらゆるものを、その最低限度の生活の維持のために活用すること」という「補足性の原理」を保護要件としている。さらに、第1条には「法律の目的」として「その自立を助長すること」（以下、「自立助長」）という文言を入れ、自立への指導や援助を行うことに根拠を与えた。この結果、生活保護法の自立助長は、救護法や旧生活保護法の欠格条項の代替として、稼働能力者を排除する役割を担った。[7]

　生活保護法が成立して30年が経過した1970年代に、第一次、第二次オイルショックによる長期不況の解決策として当時の政府は、稼働能力者排除の仕組みを強化する。1981年に財政面で高率補助金を見直すことが政策課題とされ、「第二次臨時行政調査会（第二臨調）」が発足した。当時の厚生省は、この政策課題を意識してか、和歌山県御坊市などで起こっていた暴力団関係者による生活保護不正（濫給）受給問題をマスコミに発表し、不正受給を許さないという世論を喚起した。これがいわゆる稼働能力者に対する生活保護費の引き締めを推進した第三次「適正化」政策である。第三次「適正化」政策は、1981年11月17日付「社保第123号」厚生省社会局保護課長・監査指導課長通知「生活保護の適正実施の推進について」（以下、「123号通知」）により始まる。申請書、収入申告書、資産申告書とともに同意書という様式を整備し、申請者の同意に基づき「保護適用の必要性を挙証する」という方法を導入した。同意書は、申請者などの資産調査や扶養照会に使用されるが、具体的な照会先を明示したものではなく、どのような調査にでも使える。このため同意書は、「包括同意書」とも呼ばれ、「保護を受けるためには、どのような調査でも受け入れる」という消極的な自己決定を促した。

　1980年代に生み出された第三次「適正化」政策による稼働能力者排除の仕組みは2000年代まで続いていたが、その後、さらに政府は長期不況を経て増大する財政支出に歯止めをかけるべく経済財政諮問会議を発足さ

7 村上貴美子（1987）『占領期の福祉政策』勁草書房, 237頁.

せた。経済財政諮問会議は、「骨太の方針2002」によって「地方に出来る事は地方に、民間に出来る事は民間に」という「小さな政府論」を基調とした三位一体改革を進め、①国庫補助金の削減・縮小、②国から地方への税源移譲、③地方交付税のあり方、等を見直そうとした。国は国庫補助金の中でも、特に負担割合が高い生活保護費を対象として地方に見直しを迫った。それに対して、地方から国による国庫補助金の見直しの提案として出されたのが、2006年の全国知事会と全国市長会による「新たなセーフティネットの提案――『保護する制度』から『再チャレンジする人に手を差し伸べる制度』へ」(以下、「新たなセーフティネットの提案」)である。「新たなセーフティネットの提案」の大きな柱は、生涯で5年間だけ保護を受けることができるという「有期保護制度」の導入である。同様に、2010年には指定都市市長会も「社会保障制度全般のあり方を含めた生活保護制度の抜本的改革の提案」を発表し、「集中的かつ強力な就労支援制度」によって「就労可能被保護者」に対して、職業指導、職業紹介、職業訓練その他の就労のための措置を「厚生労働大臣が定める期間内」において実施するという有期保護制度導入を提言している。

　これら有期保護制度は、1996年にアメリカの福祉改革によって導入された「貧困家庭一時扶助」(Temporary Assistance for Needy Families: TANF)の影響を色濃く受けている。TANFは、実施責任を州に委譲し、利用者の保護期間、すなわち経済給付と自立支援の期間を限定化したところに大きな特徴がある。TANF包括補助金プログラムでは、保護の期間を原則として通算60カ月までとし、働けない理由がある困窮者は福祉取扱件数の20％に限りこの規定を緩和することができるが、逆に、福祉給付の最大年限を60カ月より短くすることもできる。その場合福祉受給者は、受給開始後2年までに働かなければならない。

　わが国においては2000年に地方分権一括法により機関委任事務としての生活保護法第27条「指導及び指示」を法定受託事務の「指導及び指示」

と自治事務の「相談及び助言」に区分した[8]。このため地方自治体は、2005 年度より自治事務の「相談及び助言」として自立支援プログラムの取り組みを始めている。そして、2006 年、全国知事会・全国市長会は、自治事務の「相談及び助言」として有期保護制度における自立支援の仕組みを提案した。

　生活保護行政による自立支援は、稼働能力者排除を目的とした 1950 年の生活保護法制定による「自立助長」、1981 年の 123 号通知による「包括同意書」から生み出され、「有期保護制度」という仕組みの必要性が提起された。

(2) 障がい者運動における自立論——自立生活運動を中心として

　生活保護制度における第三次「適正化」政策が展開された 1980 年代に重度障がい者は施設や親の管理下から離れ、「私たちのことを、私たち抜きに決めるな[9]」というスローガンのもと、自らの意思で社会福祉サービスをコントロールする自立生活運動（Independent Living Movement）へと自己決定権を獲得するために歩み出していた。

　そもそも、日本において障がい者の自立生活運動が始まったのは、重度の障がい者が社会に対して権利回復を求めた 1960 年代後半からだといわれている。なぜ私たちは駅や映画館、デパートなどの公共の場から締め出され、収容施設や自宅などの限られた生活空間におしこめられているのか。なぜ鉄道、タクシー、バスなどの交通機関は車いす使用者にとって移動手段にならないのかなど、仲間が集まり障がい者の置かれている状況に

---

8 法定受託事務とは，国が本来果たすべき役割に係る事務であって，国においてその適正な処理を特に確保する必要があるものであり国政選挙，旅券の交付，国の指定統計，国道の管理，戸籍事務，生活保護など法律又はこれに基づく政令に特に定めるものである。そして自治事務とは，地方公共団体の処理する事務のうち法律・政令により事務処理が義務づけられる介護保険サービス，国民健康保険の給付，児童福祉・老人福祉・障がい者福祉サービスと法律・政令に基づかずに任意で行う各種助成金等（乳幼児医療費補助等）の交付，公共施設（文化ホール，生涯学習センター，スポーツセンター等）の管理など法定受託事務を除いたものである。

9 Charlton, James I. (2000) *Nothing About Us Without Us*. University of California Press.

対し、不満や疑問の声をあげることから障がい者自立運動はスタートした。

1970年代には「脳性まひ児を殺した母親に対する告発」と「医療モデルによる障がい者への施設処遇に反対した府中療育センター闘争」という衝撃的な取り組みが行われている。「脳性まひ児を殺した母親に対する告発」は、1970年5月に横浜で起きた事件である。事件後、マスコミは福祉施策の未整備を指摘し、母親に同情的な報道を行った。このため地元の町内会、障がい児父母の会によって母親への減刑嘆願運動が起こった。これに対して、「青い芝の会」神奈川県連合会は、「脳性まひ者は殺されても仕方がない存在なのか」と、罪は罪として裁くよう厳正な裁判を要求した。また同年の「医療モデルによる障がい者への施設処遇に反対した府中療育センター闘争」で告発されたのは、女性障がい者に対するケアが楽だという理由から髪の毛を刈ることを強制したり、病院の衣服を着せたり、男女を同じ部屋のカーテンの仕切りだけで排泄させるなど、障がい者の人権をふみにじる障がい者施設の処遇だった。センターを利用する障がい[10]者たちは、移転問題を契機に、移転反対と処遇改善を主張し、1年半の都庁舎前座り込み抗議を行った。この時期、障がい者運動において人権侵害の改善へ向けた取り組みが進められた。

このような運動の影響もあり、施設対策とともに在宅福祉に注目が集まるようになった。全国各地で、障がい者の立場に立った施設利用やまちづくり点検活動がさかんに行われるようになり、1970年代半ば頃より「まちづくりガイドマップ」が作成され始めた。これを契機に地方自治体では、徐々に車いす利用者が公共施設の出入口やトイレなどを利用できるような配慮が進んでいった。さらに、車いす利用者が、鉄道を利用する機会が増え、新しい駅舎や列車にも少しずつ改善がみられるようになった。

また教育に関して言えば、重度障がいをもつ子どもは就学義務が猶予または免除となり、十分な教育の機会を得ることができなかったが、1979

---

10 中西正司（2014）『自立生活運動史――社会変革の戦略と戦術』現代書館，12-13頁.

年の養護学校の義務制実施により、障がいに応じた教育の場が提供されるようになった。しかし、養護学校での教育は、障がい者を隔離、分離することにつながっているという批判が生まれ、広く社会とつながる普通学校への入学の必要性が強調された。

　1980年代に入ると国際交流が活発になった。既に米国の自立生活運動については、1970年代後半に福祉の専門家によって日本に紹介されていた。そして1981年の国際障害者年を前に、米国の障がい者が来日し、障がいの重さと関係なく、行政の重要なポストで精力的に働けるということを日本の人々に広く認知させた。同年にはシンガポールにおいて、国際障がい者運動のネットワーク（DPI：Disabled Persons' International）が発足し、世界の障がい者の置かれている状況が報告され、連帯の輪が生まれた。1983年、アメリカから自立生活運動のリーダー数名を招き、国内数カ所で「自立生活セミナー」が開催された。パワフルなアメリカの障がい者が会場に集った障がい者を圧倒し、国内で自立生活運動への関心が高まっていった。1985年には日米の障がい者が集い、両国の障がい者の状況や科学技術の活用などを討議する場として、日米協議会（Japan US Conference）が発足した。以後同会議は、2年に1度開催されている。

　このような経緯を経て、1991年には全国10カ所の障がい者により運営される自立生活センターが設立され、障がい者による当事者組織が立ち上げられた。障がい者が求める自己決定によるサービスの利用、それを支える所得保障制度の利用などの権利擁護活動を行っている。具体的には、生活の主体者である障がい者の起床から夜ベッドに入るまでに必要な介助の提供、新しい介助者の発掘、トレーニングの実施などの介助サービス（Attendant Care Service）である。コーディネーターが障がい者と介助者の間でいろいろな調整を行い、介助料は障害年金、社会手当、生活保護制度における他人介護加算から支払われた。

　障がい者の多くは自宅や施設での生活が主で、一般社会との接触が少ない。そして一人前の大人として生活することに不安を感じている。このため日課の管理、金銭管理、介助者の見つけ方・接し方・管理の仕方、性、

仕事などの生活技術が自立生活技能プログラム（IL Skill Program）として開発された。同じような境遇を過ごしてきた障がい者であるピア・カウンセラーが障がいを受容し、自尊感情を取り戻すことによって、主体的に生きていくことへの必要性を伝えた。

　しかし、実際に社会に出て、一人で生活するということはたいへん厳しいものだった。障がいがあることを理由に教育、雇用、生活の場といった様々な場での制約が存在していた。例えばアパートを借りようとしても、障がいを理由に断られる。働いても、最低賃金以下の給与しか得ることができない。健常者との恋愛は許されず、声をかけるとストーカーと疑われるなど、はばかられる状態にあった。このように社会にある障壁は厚い。

　私は、脳性まひにより電動車いすで移動していた一人暮らしの障がい者のボランティアをしていた経験がある。彼は、日中の食事や掃除、入浴などを公的介護ヘルパーに頼んでいた。病院以外の外出は私用とみなされ、一人で移動していた。さらに夜間や休日には、食事、トイレ、外出などをボランティアに頼んでいた。彼には24時間、介護が必要だった。そういった状況なので、公的介護ヘルパーを頼めない時間帯のボランティア探しの大変さは、すさまじいものがあった。たくさんの人の名前を覚え、ボランティアを依頼していた。予定していたボランティアに急用が生じ、来られなくなった時は相手の都合など気にすることがないように、依頼の電話をしていた。彼にとっては、一人で生きていくこと、親や施設から離れて自分の思い通りの生活を送ることが、すなわち公的制度やボランティアに頼ることだった。社会福祉サービスやボランティアにつながること、依存することが自立生活を送る絶対的な条件だったのである。

　障がい者たちの自立は、自らの主体性に基づき行動するため、年金、生活保護、障害福祉サービスなどの公的制度と介護などのボランティアにつながり生活することだった。

（3）生活保護行政による稼働能力者包摂を目的とした自立支援策

　生活保護行政による稼働能力者の排除を目的とした自立支援の流れが進行しているのに対して、稼働能力者の包摂を目的とした自立支援への動きも生まれていた。「社会的な援護を要する人々に対する社会福祉のあり方に関する検討会報告書」（2000）は、今日的な「つながり」の構築を図り、孤独や孤立、排除や摩擦という問題への解決を図り、健康で文化的な生活の実現につなげるよう社会の構成員として包み支え合う（ソーシャル・インクルージョン）必要性を強調した。そしてソーシャル・インクルージョンを実現するため新たな「公」の創造という提供主体の導入を主張した。

　また、社会保障審議会福祉部会「生活保護の在り方に関する専門委員会」（以下、「在り方専門委員会」）は、2004年に生活保護制度を「利用しやすく自立しやすい制度へ」と就労支援の充実を前提として稼働能力者を包摂する提案を行っている。在り方専門委員会による報告書では、稼働能力者の稼働能力判定と自立支援の関係を次の三点にまとめている。

　　① 判例を踏まえると、稼働能力活用要件については、稼働能力を有するか、その稼働能力を活用する意思があるか、実際に稼働能力を活用する就労の場を得ることができるかによって判断をすべきである[11]。

　　② 稼働能力があることをもってのみ保護の要件に欠けると判断すべきでない。稼働能力の活用状況について年齢等に加え、本人の資格・技術、職歴、就労阻害要因、精神状態等に関する医師の判断等と本人の就職活動の状況や地域の求人状況等の把握による総合

---

11 これは不況と両足のけいれんがあり仕事につけず，一カ月近く野宿生活を強いられたが「稼働能力があるから保護の要件がない」とされ，生活保護法違反だと訴えた，林訴訟の判例が判断根拠に大きく影響を与えている。林勝義は1994年5月9日提訴している。名古屋地裁1996年10月30日判決，「働く意思があっても具体的に働く場がなければ，稼働能力を活用していないとはいえない」として原告勝訴とした。1997年8月8日名古屋高裁判決は「職安に行けば職は見つかったはずだ」「林さんの姿勢・態度にも問題があった」として原告敗訴とした。2001年2月13日最高裁判決も高裁判決の内容を支持した。

的評価が必要であり、その客観的評価のための指針を策定することが必要である。

③ 稼働能力自体は可変的であり、その能力の変化に応じて活用の在り方も変わるものであるため、自立支援プログラムもまさにこの観点から被保護者の就労や社会活動を支援するものであることから、保護の開始後においては、自立支援プログラムへの参加状況等に基づいて「稼働能力の活用」要件を満たしているかどうかについて、随時評価することが必要である。

このように、稼働能力判定については、これまで医師が身体状況を診断するいわゆる「医学モデル」によって判定されていたが、近年は地域の求人状況や職業経験などを考慮した「社会モデル」へと変更されてきている。さらに、在り方専門委員会は保護を開始した後に、自立支援プログラムへの参加状況等に基づいて稼働能力活用要件を判断することの必要性を示した。

1990年代後半からの日本型雇用慣行の融解は非正規労働者、有期労働者などの不安定就労者を増大させた。その結果、「選り好みさえしなければ、働く場所がある」「転職する人は我慢が足りない」といった社会的規範についても見直しが迫られる状況になっている。また成果主義による勤務評価制度の導入は、働く者の心身を疲労させ、限界状態のなかで働き続ける状況を生み出している。そして、身体は丈夫なのだが働くことができず、生きることに自信を失っているなどの様々な問題を抱えた人たちが増加している。

2000年代の生活保護行政は、稼働能力者を排除する、あるいは包摂するといった相反する自立論が常に展開されており、排除の流れは、厳しい財政状況を改善するために給付抑制政策を優先している。一方で、包摂の流れは、生活に困難を抱える人たちが生活保護制度を利用して新たな生き方にチャレンジできるよう、自立条件の整備を行うことを求めている。

表 0.1：生活保護制度における自立論についての先行研究

	代表的研究者	研究の目的		研究対象	研究手法	研究時期
観客席にとどまる研究	副田義也	新たな知見の提起	定説批判、社会福祉学研究者への批判	制度を形成し、運営してきた官僚の業績	第一次資料の分析	1945 年〜2020 年
	菅沼　隆		日本の生活保護制度はいかなる歴史的特質を有しているのか、そのような特質をもたらした理由はなんであるか	米国の対日救済福祉政策の形成過程、SCAPIN775 に至る初期占領政策の展開過程、旧生活保護法の形成過程と展開過程		1945 年〜2020 年
	岩永理恵		生活保護制度の保障すべき「最低限度の生活」構想と実現	制度を形成し、運営してきた官僚の業績、委員会資料など		1946 年〜2020 年
舞台に立つ研究	仲村優一	問題解決	最低生活保障	自立助長とケースワーク	研究運動などとの連帯	1950 年〜2003 年
	白沢久一		社会変革と自己変革の統一	生活力形成、生活関係形成		1963 年〜2002 年
	杉村　宏		生存権保障	公的扶助ケースワークを支える専門性、公的扶助研究運動の必要性		1963 年〜2020 年

筆者作成

3．先行研究との対比における本研究の位置

　生活保護制度における先行研究は、研究方法において表 0.1 のように大きく二つに分けることができる。一つは副田義也を代表とする「観客席にとどまる」研究、もう一つは仲村優一を代表とする「舞台に立つ」研究である。この二つの研究方法の背後には、どちらが科学的、実証的な研究ができているかという点と、「定説批判」以外に生活問題の改善・解決という研究課題が成立するか、という二つの論点がある。

　副田は生活保護制度の形成過程をドラマに見立てており、研究者が政策提言や研究運動の「舞台に立つ」のか、一定の距離を保ち「観客席にとどまる」のかという研究姿勢を設定し、「舞台に立たない」方が良い研究ができると主張した。

また、厚生官僚を対象とすべきか、制度理念や方法を対象とすべきかという違いは存在するものの、第一次資料をもとに生活保護制度をめぐり起こる問題の構造を明らかにし、運動には関わらないという研究姿勢をとり、「観客席にとどまる」研究を引き継ぐ研究者として菅沼隆と岩永理恵をあげることができる。

　まず、菅沼は「『ドラマ』を描くことに重点が置かれ、制度を分析する手法が明確ではない」と副田について制度の歴史的特質を描き出す視角の弱さを指摘する。そして「制度が制度として形成されてくる過程で何が問題として浮上し、その問題がいかなる理念と方法によって処理されていったのかを辿る」という研究方法の必要性を説明している[12]。

　また岩永は、保護基準と実施要領の歴史分析において「生活保護制度運営を主に担う厚生省社会局官僚の行為レベルで展開をたどるという意味では副田と同じ立場にある」としている。そして「行為の所産である政策がどのような内容であって、生活保護の目的がいかに実現されてきたかを明らかにしようとする点で異なる」と政策形成過程を捉える方法についての独自性を示している。そして副田が使用した官僚による回顧録、証言、解説ではなく、厚生省社会局保護課による『生活保護手帳』各年度版などの資料をあげている。さらには、これらの資料では不十分だと中央社会福祉審議会生活保護専門分科会等各種委員会、国会会議録、その他資料をあげる。岩永の研究は、生活保護の政策形成過程を官僚による回顧録に求めるだけでは不十分であり、不適切な場合があると厚生省などの行政文書にもとめ、副田との違いを示している。また「貧困政策の歴史は必ずしも『発展』しているのではないこと」という岩田正美の指摘を引用し、「よりマシな」貧困政策を構想するという制度改善も目的として掲げている[13]。

　それに対して「舞台に立つ」研究者としては、まず仲村をあげることができる。仲村は生活保護制度の創設期から政府機関での要職を歴任し、当

---

12 菅沼隆（2005）『被占領期社会福祉分析』ミネルヴァ書房，13-14頁.
13 岩永理恵（2011）『生活保護は最低生活をどう構想したか——保護基準と実施要領の歴史分析』ミネルヴァ書房，24頁.

事者運動や研究運動とも深く関わり、政策提言を繰り返し行ってきた。なかでも岸勇との論争を経て、1970年代後半に自立助長を「物質的な意味での生活基盤の確立が、その人の精神的自立の意思とでもいおうか、建設的な自己確立の意欲とでもいったらよいのか、ともかく、そういうものと結びついて実現されることを期待して意図する援助を意味する」と述べている[14]。

　また、白沢久一は生活保護ケースワーカーとして働いた経験から意図的人間形成論を展開し、貧困との闘いの中で（その中には生活保護行政過程も含む）、どう人間が自己変革されるかを自然発生性にまかせていると仲村優一のケースワーク理論の限界性を指摘している[15]。そして宮武正明とともにケースワーカーたちが中学3年生を対象とし、学習支援の活動を展開した現場実践を生活力形成論や生活関係形成論として理論化している[16]。白沢は現場で働くケースワーカーを組織化し、公的扶助研究運動を牽引し、改善課題に注目し積極的に制度の見直しを提言していった。

　そして、杉村宏や吉永純は、1993年に公的扶助研究全国連絡会が機関誌に保護利用者を侮蔑する多数の福祉川柳を掲載した「福祉川柳事件[17]」で大きな打撃を受けた公的扶助研究運動の再興に加わり、保護利用者、弁護士、司法書士などとともに、具体的な裁判活動に関わり生活保護制度改革についての提言を行っている。

　例えば、杉村は、公的扶助ケースワークにおける専門性を考える場合、ケースワーク技術そのものやその発展形態から学ぶというよりは、ケースワーク論を支える理念や枠組みから学ぶことが多いように思うという。このため仲村ケースワーク論は、あくまでも憲法が保障する生存権を実現す

14　仲村優一（1978）『生活保護への提言』全国社会福祉協議会, 27頁.
15　白沢久一（1976）「公的扶助処遇論の理論化への諸問題──公的扶助労働論の視角から」吉田久一編『戦後社会福祉の展開』ドメス出版, 219頁.
16　白沢久一／宮武正明（1984）『生活力の形成─社会福祉主事の新しい課題─』勁草書房, 同（1987）『生活関係の形成─社会福祉主事の新しい課題─』勁草書房.
17　公的扶助研究全国連絡会が機関誌『公的扶助研究』（No.154・1993.3.4）に「現場の状況をよく表している」と「文学ノート・第1回川柳大賞」として「訪問日 ケース元気で 留守がいい」「金がない それがどうした ここくんな」など保護利用者に対する差別的な川柳89句を掲載した。

るために最低生活保障の過程で、民主主義的な対人関係の確立や手続きや自立支援過程における民主的な権利保障などにおいて重要な役割を持つと説明する。そして、公的扶助ケースワーカーの専門性として、高い「倫理性」と「反省的実践家」としての役割を重視する。経済的、精神的に追い詰められれば追い詰められる人ほど、その場しのぎの言動が多くなり、時には他人をだまし、傷つけてでも窮状から逃れようとすることもある。「貧しくとも、清く正しく」振舞うことは容易なことではない。このような人たちが援助などに対して敬意を払わなかったり、反抗的な態度をとることがあったりする。このようなネガティブな感情と葛藤する場面に直面しがちな専門職は、その人間性を簡単に非難し、支援などしてやるものかといった気持ちを持ちやすい。最後にはあの人たちは自分たちとは住む世界が違うのだと突き放し、対立することさえ起こる。しかし、公的扶助ケースワーカーといえどもひとりの人間としては誠に弱い存在であるということを自覚し、困難や弱さを抱えた人々に対して高い「倫理性」をもって向き合うこと、専門的な権威で一方的に教示する関係ではなく、個別の問題とその背後に潜む社会的な問題の解決に、共同で参加する「反省的実践家」としての役割を担うことの必要性を説いている。

　さらに杉村は、公的扶助活動に研究が必要である理由を、ケースワーカーが向き合わなければならない課題や問題として四つあげる。第一には、人々に様々な困難をもたらす貧困をどのようにみるのか、また貧困と病気、障がい、失業、年齢、家族構成などとの関連性、貧困が人々の生活や精神、人格などにどのような影響を与えるのかといった「貧困観」に関わる課題である。第二には、最低生活保障の中身を構成する生活保護基準が健康で文化的な最低限度の生活を保障するものとなっているのか、また生活保護利用の資格要件としての世帯の認定や収入の認定の方法、扶養義務者との関係などが、現代の社会生活との間に乖離が生じていないか、これらの制度運用のプロセスで利用者の人格の尊厳を守るような配慮がされているのかという「権利観」の問題がある。第三には、貧困に陥った人々をどう見るのか、貧困による生活崩壊やギャンブルや薬物に対する依存な

どによる人格のゆがみなどネガティブな現象を含めて人間の存在をどう認識するのかという「人間観」に関わる課題がある。そして、第四には、本研究で取り上げている貧困の中で他者の支援を受けながらも、自分自身がめざす自立の方向を模索し、その努力のために社会がどのような環境を整えるのかといった「自立観」をあげている。

　杉村はここにあげた四つの課題には、一つ一つに歴史的な背景と経験があり、その上で現代的な意味合いを含んで問われているから、経験や思い付きだけで対処できる課題ではなく、常に専門家の考え方や実践に学びながら、自らも研究することが求められているとケースワーカーたちに伝えている[18]。

　吉永純も審査請求や行政運用といった分析から「『自立しやすい生活保護』の実現のためには、自立支援プログラムを自立支援給付として保護の扶助の一つとして法定化し、権利として要求できるものにすべきである」という提言を行っている[19]。

　このように「観客席にとどまる」研究と「舞台に立つ」研究との間には、対象者、対象時期、目的にも違いが表れる。例えば、「観客席にとどまる」研究の対象者は厚生官僚や制度理念であり、「舞台に立つ」研究の対象は保護利用者や名もなき現場のケースワーカーである。次に、対象時期は「観客席にとどまる」研究が統治機構の内部で働いた官僚たちの回顧録、証言、行政資料などを利用できる一定の年数を経過した後であるのに対し、「舞台に立つ」研究の対象時期は問題が生じている「今」である。そして「観客席にとどまる」研究の目的は政策の形成や実施の過程についての「新しい発見」や「定説批判」であり、「舞台に立つ」研究の目的は保護利用者に起こる問題の改善・解決であり、そのための制度改革である。

　また論点としてはどちらが科学的、実証的な研究ができているかという

18 杉村宏（2020）『生きるということ：私家版──生きる意味を公的扶助ケースワーク論に問う』萌文社, 142-143頁.
19 吉永純（2011）『生活保護の争点──審査請求, 行政運用, 制度改革をめぐって』高菅出版, 330頁.

ことがあげられる。江口英一が実施した中野区調査[20]を不正確だと副田が批判したことに対して岩田が「価値の違いを含んだ貧困計測が多様になされ、その手続きを含んだ批判・反批判」などが実施されることの重要性を指摘している。また、星野信也による厚生官僚からみる相対的貧困観の不正確さへの指摘もある[21]。

次に、「定説批判」以外に生活問題の改善・解決という研究課題は成立するかという論点がある。副田は、厚生官僚の回顧録などが公開されるまで学問的禁欲を守るべきだと主張する。つまり解禁されていない秘密文書がある間は、何が出てくるかわからないため最終的判断を控えるということである。副田の研究は、定説を実証的研究によって否定する新しい発見を目的としている。これに対して大友信勝は、「社会福祉学研究は問題の発見、認識に留まらず、改善、解決を志向し、社会福祉的援助の専門性を高めることを研究課題に含んでいる」と「定説批判」だけが研究の目的ではないことを指摘している。

つまり副田と岩田、星野、大友は同じ貧困問題を対象とした研究を行っているにもかかわらず、研究対象を捉えるにあたって、何を目的とするのかといったことや価値観に大きな差異がみられる。副田の研究の背景にあるのは、福祉社会学という研究からの視点であり、官僚その人の社会的行為への関心である。菅沼の研究においては、制度として形成されてくる過程で起こった問題がいかなる理念と方法によって処理されていったのかという「制度を媒介として取り結ぶ関係」に着目している。岩永の研究は、生活保護の政策形成過程を明らかにするとともに制度改善をも目指している。一方、岩田、星野、大友の研究の背景にあるのは、社会福祉学という社会的弱者に対する福祉の増進・権利の擁護などの視点に立った生活問題

---

20 川上昌子によれば，中野区調査とは，江口と川上が東京都中野区の世帯収入について1971 年のデータにより実施した調査である。日本における画期的な貧困の量的測定として注目され評価された。その一方で，データが課税関係の資料であったことから，その信憑性に批判が寄せられた。江口英一・川上昌子（2009）『日本における貧困世帯の量的把握』法律文化社，63 頁.
21 岩田正美（1995）『戦後社会福祉の展開と大都市最底辺』ミネルヴァ書房，324-325頁，星野信也（1996）「書評・生活保護制度の社会史」『社会福祉研究』第 65 号.

の改善・解決、専門性の向上等、社会福祉実践についての提起である。

　このように、両者はそれぞれ異なる目的を持ち生活保護制度を研究している。そして、「観客席にとどまる」研究と「舞台に立つ」研究ともに、社会的に有用な研究成果を生み出しており、両者のどちらが科学的、実証的な研究ができているかという議論に明確な答えは出ない。

　表0.1では「観客席にとどまる」研究として、副田の問題提起に対して自らの見解を示した研究者をあげた。また「舞台に立つ」研究としては、見解を示してはないが深く公的扶助運動に関わり、とりわけ自立論について言及した研究者をあげた。それぞれ「観客席にとどまる」あるいは「舞台に立つ」研究を代表する研究者として例示したものの、その他にも多くの有意義な研究を行っている人たちが存在する。今、ここで大切にしなければならないことは、誰が代表的な研究者であるかという議論ではなく、研究スタンスの違いを乗り越えて、生活困窮者の生活を再建し、それを実現するための生活保護制度やその他の社会保障制度の改善に尽力することではないだろうか。

　このような問題意識から、本研究は政策提言や研究運動との間に一定の距離を保つ「観客席にとどまる」研究ではなく、政策提言や研究運動への喚起をめざす「舞台に立つ」研究に位置づけられる。

4．本研究の課題と分析の視点

　本研究においては、生活保護制度における自立論について「対象者像とその支援策」という視点から時期区分し、現代の自立論の課題を明らかにしようとしている。そして、現代の保護利用者がどのような状況に置かれているか、実態を捉えようとした。このため生活保護受給者等就労支援事業（以下、「就労支援事業」）に参加する保護利用者について、就労達成、就労意欲、就労阻害要因に関する量的調査を実施した。その結果、就労達成と就労意欲の間に強い関係性があることがわかり、これらの視点をもとに保護受給者の類型化を行った。そこから類型別の保護利用者にインタ

表 0.2：本研究における実態調査

1.A市における就労支援事業参加者調査（ミクロレベル）

調査名	対象	目的	情報、データ	分析手法の特徴
量的調査	就労支援事業参加者（ミクロ調査）	類型化	年齢、学歴、家族数などから就労達成と就労意欲、就労阻害要因に着目して類型化した	平均的な人間像や事象間の相互関連性を抽出した。量的分析でいう検定や帰無仮説の棄却という手続きで客観性を担保する
事例調査		裏づけ	就労支援事業に参加した理由や利用した経験から生まれる思いについて聞き取り、典型事例を導き出した	実体験を踏まえた語りによって裏づける作業を行い、説得力を持たせる

2.地方自治体調査（メゾレベル）

調査名	対象	目的	情報、データ	分析手法の特徴
地方自治体調査	地方自治体（メゾ調査）	支援策の検討	地方自治体の現場担当者から就労支援の対象、目的、方法、特徴などを聞き取り、支援策の典型事例を例示した	対象者、運営主体、提供主体、内容など、それぞれのプログラムの特徴を明らかにする

3.韓国調査（マクロレベル）

調査名	対象	目的	情報、データ	分析手法の特徴
韓国調査	韓国自活事業（マクロ調査）	支援策の検討	現場担当者から就労支援の対象、目的、方法、特徴などを聞き取り、支援策の典型事例を例示した	対象者、運営主体、提供主体、内容など、それぞれのプログラムの特徴を明らかにする

筆者作成

ビューを行い、必要とする支援手法を導き出している。

　さらに、わが国における就労支援の「先駆的モデル」として位置づけられる地方自治体の取り組みについては実態調査を実施した。そして、類型化された保護受給者たちに対し、それぞれの地方自治体がどのような就労支援策を実施しているのかを明らかにした。このことにより、「先駆的モデル」と位置づけられる就労支援策が政策的には就労自立を目指しながらも、現場実践においては保護利用者の個別の課題に向き合っていることを明らかにしている。そこからさらに現代の生活保護の現場実践に何が必要

なのかを明らかにしようとした。

　これらの研究課題に取り組むために表 0.2 のとおり「A 市における就労支援事業参加者調査」（ミクロレベル）を実施し、保護利用者 151 名を対象に量的調査を実施し、そのうち 32 名に事例調査を実施した。次に、わが国の就労支援の「先駆的モデル」と評価される 12 カ所の地方自治体及び福祉事務所（以下、「地方自治体など」）を対象として「地方自治体調査」（メゾレベル）を実施した。量的調査は、就労支援事業参加者を類型化するためにケースワーカーに対して行ったアンケート調査である。そして、事例調査は、類型化された保護受給者の対象者像を明らかにするインタビュー調査である。さらに、地方自治体調査では、「先駆的モデル」とされる地方自治体が保護受給者に対してどのような就労支援を実施しているのか聞き取りをした。最後に就労支援について「韓国調査」（マクロレベル）を実施し、生活困窮者に対して世界の流れがどのように動いているのかを分析した。

5．本研究が重視した視点

　大友は 1980 年代、第三次「適正化」期における被保護母子世帯の生活実態を明らかにして、自立支援体制の不備を指摘している。その方法は、生活保護行政における社会福祉問題の表出者として被保護母子世帯を対象とし、生活史をインタビューによって聞き取る実態調査である。実態調査の結果は、離別母子世帯が保護受給前から低所得という問題を抱え、さらに借金や暴力といった問題をきっかけに離婚に発展し、生活保護層へと落層する傾向が高いことを明らかにしている。さらに、被保護母子世帯に対する「自立支援」を担当する母子相談員の約 70％が非常勤職員であり、専門性にも問題があると援助体制の不備を指摘している。それに対して本研究では、稼働年齢層にあたる「母子世帯」と「その他の世帯」を対象とした就労問題について着目し、支援の課題を具体的に提示するという点で先行研究とは異なる視点、研究方法をとっている。

「母子世帯」と「その他の世帯」という稼働年齢層を捉える視点

　本研究で行った実態調査の結果、対象者として「母子世帯」（父子世帯を含む）と「その他の世帯[22]」の割合が高いものとなっている。その理由は、現代の生活保護行政における就労支援の対象者が稼働年齢層を世帯主とする「母子世帯」と「その他の世帯」に集中するからである。

　研究対象としての稼働能力者については、仲村が「素行不良な者」あるいは「勤労を怠る者」とし、白沢が「ルンペン性のある者」とし、大友が「母子世帯」として過去に研究が行われている。仲村が「素行不良な者」「勤労を怠る者」に着目した理由は、無差別平等原則を導入した生活保護制度のなかで救護法や旧生活保護法における欠格条項の対象であった「性行著シク不良ナルトキ」「著シク怠惰ナルトキ」「能力があるにもかかわらず、勤労の意思のない者、勤労を怠る者その他生計の維持に努めない者」「素行不良な者」などを対象とした支援課題が問われたからである。また、白沢が「ルンペン性のある者」に着目したのは社会変革と自己変革の関係性を捉え、自己変革にルンペン性への克服という支援課題を見いだしたからである。そして、大友が「母子世帯」に着目したのは第三次「適正化」が「母子世帯」への行政指導を中心として展開されたからである。

---

22 生活保護制度における「その他の世帯」とは，「高齢者世帯」「障害者世帯・傷病者世帯」「母子世帯」を除く世帯である。母子世帯とは母親と18歳未満の子による世帯である。2009年度福祉行政報告例結果の概況の用語の定義によれば次の通りである。
①「高齢者世帯」　2004年度までは，男65歳以上，女60歳以上の者のみで構成されている世帯若しくは，これらに18歳未満の者が加わった世帯。2005年度からは，男女ともに65歳以上の者のみで構成されている世帯若しくは，これらに18歳未満の者が加わった世帯。
②「母子世帯」　2004年度までは，現に配偶者がいない（死別，離別，生死不明及び未婚等による）18歳から60歳未満の女子と18歳未満のその子（養子を含む）のみで構成されている世帯。2005年度からは，現に配偶者がいない（死別，離別，生死不明及び未婚等による）65歳未満の女子と18歳未満のその子（養子を含む）のみで構成されている世帯。
③「障害者世帯・傷病者世帯」　世帯主が障害者加算を受けているか，障害，知的障害等の心身上の障害のため働けない者である世帯並びに世帯主が入院（介護老人保健施設入所を含む）しているか，在宅患者加算を受けている世帯若しくは世帯主が傷病のため働けない者である世帯。
④「その他の世帯」　上記①から③のいずれにも該当しない世帯。

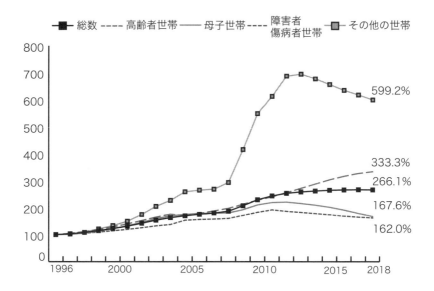

図 0.2：1996 年度から 2018 年度までの世帯類型別保護世帯数年次推移

出所：2017 年度までは、国立社会保障・人口問題研究所『「生活保護」に関する公的統計データ一覧』シート
NO.3　http://www.ipss.go.jp/s-info/j/seiho/seiho.asp（2021.01.25 確認）
2018 年度は、e-Stat「被保護者調査 / 平成 30 年度被保護者調査 / 月次調査」https://www.e-stat.go.jp/
stat-search/files?page=1&layout=datalist&toukei=00450312&tstat=000001137806&cycle=8&tclass1=000
001137807&stat_infid=000031917728&result_page=1&tclass2val=0（2021.01.25 確認）

　本研究では「その他の世帯」という稼働年齢層に着目した。それは
1965 年より一貫して減少してきた「その他の世帯」の数が派遣可能業務
を 26 業務へと拡大した労働者派遣法「改正」など非正規職員の増加の影
響により図 0.2 のとおり 1996 年以降増加に転じたからである。稼働年齢
層（満 15 歳以上 64 歳未満の者）が多く存在する「その他の世帯」「母子世
帯」は、総世帯数からみれば 2018 年度で「その他の世帯」15.3％、「母
子世帯」5.3％を占めている。就労割合は、世帯主と世帯員の合計で「そ
の他の世帯」38.7％、「母子世帯」49.9％である。
　また、「その他の世帯」数は、1965 年度から 1996 年度まで 20 万
5540 人から 4 万 1434 人と 20.2％に減少を続けていた。しかし、1996
年度から 2009 年度の間に 4 万 1434 人から 17 万 1978 人と一挙に

415.1%まで増加している。それに対して「母子世帯」は、1970年度から1984年度まで6万4920人から11万5265人と177.5%に増加し、その後、1984年度から1996年度までに11万5265人から5万1671人へと44.8%までに減少していたが、1996年度から2012年度の間に5万1671人から11万4122人と220.9%に増加している。

　これらのデータは、「その他の世帯」が第二次「適正化」政策が実施された1965年度以降第三次「適正化」政策を経て1996年度までは減少し続けたこと、そして第四次「適正化」政策が実施された2013年度までは増加し、その後減少をたどっていることを示している。

　また、「母子世帯」は、1970年度以降増加するが第三次「適正化」政策が実施された1985年度から減少が続いている。そして1996年度以降増加が始まり第三次「適正化」政策が実施された2013年度から減少している。

　つまり、「その他の世帯」と「母子世帯」は、第四次「適正化」政策によって大きく世帯数を減少させたといえる。よって、本研究では、稼働年齢層が多くを占める「その他の世帯」と「母子世帯」に着目して研究を進めたい。

6．本研究における用語の定義

　ここでは、本書を読む上で不可欠な用語とその背景を解説する。

(1) 自立支援

　社会福祉制度は、1990年代後半以降、高齢者への介護保険制度の導入とともに「自立支援」という名称の支援政策が増加してきたという特徴をもっている。例えば、生活保護自立支援プログラム、自立支援医療、母子家庭自立支援給付金事業、児童自立支援施設などをあげることができる。これらの「自立支援」という用語に共通することは、当事者主体を前面に掲げながらも、公的責任が後退しているという点である。この点を問題意識として持ちながら、本書では政策用語として「自立支援」を扱う。一

方、「自立論」を当事者主体の社会福祉サービスの活用として使用したい。

　生活保護における「自立支援」という用語は、2004年の「生活保護制度の在り方に関する専門委員会報告書」で、社会福祉法の基本理念だとして次のように提示されている。

　　「利用者が心身共に健やかに育成され、又はその有する能力に応じ自立した日常生活を営むことができるように支援するもの」を意味し、就労による経済的自立のための支援（就労自立支援）のみならず、それぞれの被保護者の能力やその抱える問題等に応じ、身体や精神の健康を回復・維持し、自分で自分の健康・生活管理を行うなど日常生活において自立した生活を送るための支援（日常生活自立支援）や、社会的なつながりを回復・維持するなど社会生活における自立の支援（社会生活自立支援）をも含むものである。

　このように、「自立支援」とは、戦前における公的救済制度が伝統的にもっていた経済的自立を基調とする自立観とは異なるものである。

　しかし、一方では社会福祉基礎構造改革によって導入された社会福祉の市場化のために「措置制度から利用契約制度への転換」という社会福祉サービス利用者の自己選択、自己決定の実現をめざす仕組みの導入のために使用された政策用語としての「自立支援」を「本人が自らの生活を自らの責任で営むことを基本としつつ、それだけでは生活が維持できない場合に必要な援助を行うという考え方」[23]として提示したものである。

　本書では、「自立支援」を個々の政策、制度の政策用語として使用している。それとともに、社会福祉法の基本理念に沿って、利用者の多様な自立を助ける福祉サービスとしても「自立支援」を使用する。

---

23 社会保障審議会福祉部会（2004）「社会福祉事業及び社会福祉法人について」参考資料2　https://www.mhlw.go.jp/shingi/2004/04/s0420-6b2.html（2020.9.9確認）

(2) ワークフェア（workfare）政策

「ワークフェア」という名称は、1970年代のアメリカ合衆国において、要扶養児童家族扶助（Aid to Families with Dependent Children：AFDC）に就労義務を導入するときに、当時のリチャード・ニクソン大統領のスピーチライターがワーク（労働）とウェルフェア（福祉）を組み合わせて作った政策用語であるといわれている。一般的には、給付の見返りとして決められた期間内に働く、あるいは就労訓練プログラムに参加しなければならない、あるいはそうした体制を指す。

そもそもこのような政策は、アメリカのニクソン政権期に実施されたAFDC改革から始まるといわれている。その主な内容は、受給者に対する厳格な就労要件と、受給期間制限つまり有期保護制度の導入などである。このような利用条件を厳しくするワークフェアは、ハードなワークフェアと呼ばれる。権利に伴う義務を強調し、義務を履行しないことをチェックし、当時高まりつつあった「特定の受給者層が『福祉依存の罠』、『貧困の罠』に陥り、社会保障支出を増大させている」という批判に応えようとした。

その後、スウェーデンなどが実施する職業訓練や教育プログラムを重視するアクティベーション、デンマークが成長産業への労働者の転職を支援するフレクシキュリティなど積極的労働政策を取り入れた新たな就労と福祉の形態をとるソフトなワークフェア政策にも注目が集まっている。

日本においては、2002年にホームレスの自立の支援等に関する特別措置法、同年に児童扶養手当法と母子及び寡婦福祉法の改正があり、2005年に生活保護受給者等就労支援事業が金銭給付に伴うプログラムとして導入している。さらに2013年の生活保護法「改正」では「就労・自立支援の強化」が謳われ、「切れ目のない就労自立支援とインセンティブ強化」の名のもと就労活動促進費や就労自立給付金制度が創設され、期間を区切った就労支援、自立論が展開されていった。

(3) 自立支援プログラム

本研究では、就労自立を目的とした生活保護自立支援プログラムを研究対象としている。就労支援プログラムには、国が策定した生活保護受給者等就労支援事業と地方自治体が策定したものがある。なお生活保護受給者等就労支援事業は、全国の福祉事務所と公共職業安定所が協力して保護受給者への職業斡旋や教育訓練等、就労自立を実施する取り組みである。地方自治体が独自に策定する自立支援プログラムには、地域の状況に応じて就労自立、日常生活自立、社会生活自立を目的としたものがある。

(4) 「適正化」政策

生活保護制度の歴史的な分析は、戦後に生活保護制度が始まってから現在まで実施されてきた「適正化」政策を抜きにして行うことはできない。「適正化」の指す「適正な実施」とは、言葉通りに解釈すれば、「濫給（必要としない者への支給）も漏給（必要とする者への不支給）もない保護の運営」ということになる。

しかし、実質はその時代の社会問題・生活問題に対応した濫給や不正受給を防止するために、自助（自己責任・家族責任）を強めて経済的自立を促すという名目で、保護の引き締めを図る性格をもっている。その方法には、戦前の救貧対策である惰民養成排除（引き締め）の継承と体制整備、特別事業の実施、新たなボーダーライン対策創設などの構築と最低生活保障（経済給付）の支給要件の厳格化があり、その実施、運用については生活保護指導監査により統制されてきた。また、これら「適正化」政策は濫給や不正受給の防止に過剰に反応しても、漏給問題は後回しとされた。

おわりに

本章では、戦前から続く欠格条項、包括同意書による扶養義務照会等、「補足性の原理」という排除の手法による伝統的自立論の存在に言及している。そして、現代社会において、社会状況や働き方が大きく変化してい

るにもかかわらず、切実に生活保護を必要とする稼働年齢層がなおも保護からこぼれ落ちていることに異論を呈している。

　そして、戦前から続く貧困者を怠け者として捉える伝統的自立論を排し、ワーキングプアを生み出さざるを得ない社会の中で生きる力を生み出す自立論が必要になっている。そのために、生活保護の伝統的自立論とは相反する障がい者運動の自立論を紹介している。障がい者運動の自立論が保護利用者の未来を切り開くものになると考えている。

　さらに、現代社会が生み出すワーキングプアなどの解消のための今日的課題として「母子世帯」「その他の世帯」という稼働能力者への取り組み、現場実践からみる自立論を研究対象としたい。このために生活保護制度の現状、研究対象、研究手法とそれを採用する理由を説明した。続く第1章では、歴史分析から現代社会における自立論の今日的課題を検討したい。

第1章

生活保護制度における自立と自助についての政策動向の歴史的変遷

はじめに

　本章は、生活保護制度における自立論について、歴史的・社会的な分析を行うことを目的にしている。なぜなら、現代社会における生活保護制度の自立論とその課題を明らかにするには、歴史的な検証が欠かせないと考えるからである。生活保護制度における自立論の歴史的な変遷を明らかにすることで、その時代の貧困観や社会福祉政策が浮き彫りになる。

　つまり、日本の生活保護制度の特徴である超低保護率と保護申請手続きの複雑さ、スティグマ（恥の烙印）の存在がどのように形成されてきたのか明らかになる。このため自助（自己責任、家族責任）により経済的自立のみを追求する「適正化」政策と最低生活保障という権利を保障するために多様な自立をめざす現場実践との歩みを比較、分析することで、現代社会の生活保護受給者が抱える課題に迫りたいと考えている。

　「適正化」はその時代の社会問題・生活問題が大きく影響している。生活保護制度は、不安定就業層の動向や失業問題、あるいは一般勤労者の賃

金水準と常に緊張関係にある。そして、新たな社会問題・生活問題が関係制度の問題や政治的問題に、政策的要請として反映されやすい側面をもっている。その時々の貧困観を反映した権利要求が形成され、それを抑えるように、「適正化」が実施された。例えば、第三次「適正化」期に実施された特別事業「扶養義務収入調査事業」である。これは様々な厳しい状況を経た後、やっとの思いで離別した母子世帯に対して、別れた夫に一律的に親権を得た子どもの扶養照会を送るというスティグマ（恥の烙印）を付与し、精神的苦痛を与えるような方法で行われた。

　その一方で、現場実践から生まれた自立論が存在する。「適正化」政策に対峙して、生活保護の現場では、社会福祉主事（以下、「ケースワーカー」）たちが保護利用者に寄り添い、最低生活保障（経済給付）を最大限に活かして彼らの将来の暮らしを豊かなものにしていこうとした。最低生活保障を確保して保護利用者の権利を守ろうとするケースワーカーたちの取り組みは、現場実践から生まれた自立論といえる。例えば、極めて厳しい第三次「適正化」期に、ケースワーカーたちが地域を巻き込み手弁当で生活保護を利用する家庭の中学3年の子どもたちに対して実施した「江戸川中3勉強会」が報告されている（建石1989）。

1．生活保護制度における時期区分

　本章が研究の対象としている自立論は、「適正化」政策が深く関与していると考えている。そこで「適正化」の各時期をここで確認したい。「適正化」を扱った時期区分は、第一次〜第三次については、生活保護指導監査方針と公的扶助研究全国セミナー討議資料をもとに、「自立助長」や「自立支援」についての生活保護制度の実施体制、ケースワーカーの実践、最低生活保障（経済給付）がどのように見直されたかを区分根拠としている。

(1) 第一次から第三次「適正化」期の区分

　この生活保護行政「適正化」についての時期区分は、1954〜1956年の第一次「適正化」期、1964〜1966年の第二次「適正化」期、1978〜1989年の第三次「適正化」期に区分され、さらに第三次においては準備期（1978〜1980年）、前期（1981〜1984年）、後期（1985〜1989年）に区分される。このような「適正化」政策は、図1.1のとおり、実質的な保護の引き締めにより保護利用者数と保護率を減少させている。

(2) 生活保護基準の引き下げとともに進められた第四次「適正化」期

　保護利用者数と保護率の減少は、1995年に約88.2万人を底とするまで続いた。その後は緩やかに増加に転じ、2000年には100万人を超える。以後も増加傾向は続き、2008年のリーマンショックを経て急増し、2011年には200万人を超え、2014年には216万人まで増加する。その後、2015年度より保護利用者数、保護率が減少へと向かっている。

　そして2015年度以降の生活保護指導監査方針は、2008年度以降の方針にみられた「漏給防止」や自立支援プログラムの「積極的な活用」という重点事項が削除されている。ただし、注意事項として「辞退の強要」や「保護の廃止により窮迫状況」などを起こさないようにと記載し、「適正な手続き」「合法的な保護処分」の必要性を強調している。さらに、新たに生活保護業務の効果的かつ効率的な運営を行うために前年度の実施方針、事業計画、監査指摘事項等を踏まえた問題点の評価及び分析と改善事項への重点化や実施時期を明確にするなど事業評価を取り入れた行政管理手法が導入されている。

　このように2013年度に実施された生活保護基準の下方修正、生活保護法「改正」、ボーダーライン対策としての生活困窮者自立支援法の制定によって、保護利用者数は減少に転じた。さらに、2018年度にも3年間にわたる保護基準の下方修正が行われている。このため本研究では、生活保護行政の大きな政策転換が行われたと捉え、2013年度から2015年度の間を第四次「適正化」前期、2018年度から2020年度の間を第四次「適

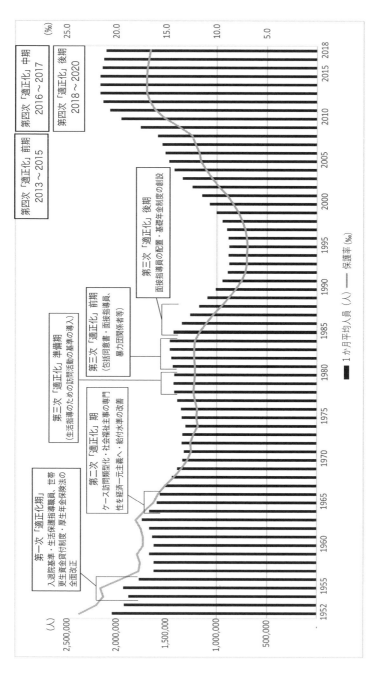

図 1.1：生活保護利用者数及び保護率と保護行政「適正化」期との関係

出所：大友信勝による「戦後生活保護行政の時期区分」『公的扶助の展開――公的扶助運動と生活保護行政の歩み』に加え、国立社会保障・人口問題研究所 http://www.ipss.go.jp/s-info/j/seiho/seiho.asp（2018.8.13 確認）をもとに筆者が作成

正化」後期と考えたい。なお 2016 年度、2017 年度については第四次「適正化」前期で起こった裁判などの後処理、第四次「適正化」後期で実施する保護基準の引き下げの準備時期とし、第四次「適正化」中期とする。

2．生活保護制度における自立論の変遷

このような生活保護「適正化」政策の新たな局面を迎え、本研究が対象とする生活保護の自立論の展開過程を、表 1.1 のように区分した。

(1) 断絶と連続の自立論模索期における自立論
——制限扶助主義から一般扶助主義への社会福祉の役割（1950 〜 1959 年）

第二次世界大戦が終わり、わが国は、生活困窮者緊急生活援護事業要綱（1945）を経て旧生活保護法（1946）を制定した。旧生活保護法は、戦前から続く救済策の伝統を断ち切り、はじめて無差別平等原理を掲げた法律として整備された。しかしながら欠格条項を引き継ぎ、能力があるにもかかわらず「性行著しく不良」「著しく怠惰」である者を保護の対象外とする点では救護法（1929）の選別性を継承していた。

それに対して、1950 年の現行生活保護法（以下、「生活保護法」）は、戦前から続く惰民養成排除を目的とした救貧策を見直し、無差別平等原理を条文化した。このため生活保護法制定時期における自立論は、生活保護法

表 1.1：生活保護制度における自立論についての時期区分

年代	生活保護制度における自立論の動向
1950 〜 1959 年	断絶と連続の自立論模索期 ——制限扶助主義から一般扶助主義への社会福祉の役割
1960 〜 1977 年	実施体制整備期 ——福祉事務所の新たな役割
1978 〜 1993 年	第三次「適正化」期 ——排除の行政運用と抵抗の研究運動
1994 〜 2020 年	社会福祉の市場化期 ——多様な自立論から第四次「適正化」による就労（経済）自立への回帰

筆者作成

における最低生活保障と自立助長がどのような機能を果たすのかという論議を中心にして展開された。戦前の伝統的な貧困観と救済策から戦後の新たな社会保障の理念とその方法を確立していくという戦前と戦後の「断絶と連続」という論議が展開されていたといってもよいだろう。

相反する「自立助長」の法解釈による現場の混乱

生活保護法では、第2条に「すべて国民は、この法律の定める要件を満たす限り、この法律による保護を、無差別平等に受けることができる」という無差別平等原理が規定され、伝統的に引き継がれてきた欠格条項は姿を消した。

そして、第1条において「この法律は、日本国憲法第25条に規定する理念に基づき、国が生活に困窮するすべての国民に対し、その困窮の程度に応じ、必要な保護を行い、その最低限度の生活を保障するとともに、その自立を助長することを目的とする」と最低生活の保障を定め、ここに「自立助長」という政策用語が初めて登場した。これは生活保護制度が社会保障制度として最低生活保障を担うことを第一義としながら、さらに自立助長という社会福祉サービスを保護利用者に対して提供することを意味した。

自立助長については厚生労働省内部で法制度に関与する行政者に相反する解釈が生まれていた。生活保護法制定当時、厚生省社会局長だった木村忠二郎は、「本法制定の目的が、単に困窮国民の最低生活の保障と維持にあるだけでなく、進んでその者の自力更生をはかることにあることは、国の道義的責務によりしても当然のことであるが、改正法においては第一条にその趣旨を明言してこの種の制度に伴いがちの惰民養成を排除せんとするものである[1]」と、保護適用を行うことによって怠け者を作らないようにするため自立助長を導入したと説明している。

これに対して、同じ生活保護法制定時に保護課長であった小山進次郎

---

1 木村忠二郎（1950）『改正生活保護法の解説』時事通信社, 49頁.

は、自立助長について「公私の扶助を受けず自分の力で社会生活に適応した生活を営むことのできるように助け育てて行くこと」と定義した。そして、「助長という以上、そういう内在的可能性を有つている者に対し、その限度において云われるものであつて、そのような可能性の態様や程度を考えず、機械的画一的に一つのことを強制するものでない[2]」と説明した。

　2人は、同時期に現行生活保護制度制定に携わった厚生官僚でありながら、自立助長の持つ意味を、一方では「惰民養成排除」と語り、もう一方では怠惰者を排除するのが目的ではなく、「内在的可能性を助長する」ための個人の能力や適性に応じた援助だと語っている。木村は、日本の公的救済制度が伝統的にもっていた「惰民養成排除論」の自立論を展開した。これに対して、小山は保護利用者が持つ内在的可能性に着目し、新しい自立論を展開した点で意義のあるものだった。

　このような自立助長についての「行政官僚による法解釈の相違」は、惰民養成排除論を継承し、就労して経済的に自立することを強調する戦前からの貧困観と、健康で文化的な生活を重視する戦後の生存権保障との法整備の中で生まれた。

　現場労働者の混乱とは、「自立助長という社会福祉サービス（ケースワーク）が最低生活保障という公的扶助（経済給付）を排除していく役割を持つことになるのではないか」というケースワーカーたちの動揺だった。

生活保護サービスとケースワークをめぐる論争

　「行政官僚による法解釈の相違」に続き、行政官僚、研究者、現場実践者などによって「生活保護サービス論争」（1953〜1954）や「仲村・岸論争」（1956〜1963）という自立論争が展開されていく。これら二つの論争は、先述の「行政官僚による法解釈の相違」によって起きる現場労働者の混乱からの脱却を使命としていた。さらには、岡村重夫、孝橋正一などによって展開された、社会福祉事業の性格・本質をどのようにみるかと

---

2 小山進次郎（2004）『改訂増補 生活保護法の解釈と運用（復刻版）』全国社会福祉協議会, 92頁.

いう「社会福祉事業本質論争」(1952～1953) を引き継ぐ側面があった。

　「生活保護サービス論争」は、1953年に雑誌『社会事業』において、厚生官僚である黒木利克が行政運営的立場から「生活保護制度におけるサービスの試論」を発表したことから始まる。この論争は、黒木に続いて木田徹郎、池川清、大原龍子、岡村重夫、小川政亮、田中嘉男たち執筆陣が、同誌上でそれぞれに自らのサービス論を展開するという形をとっている。

　木村を支持する黒木論文は、サービスが「依存性」を解決するためのものだとし、「何等のサービスを伴わないで与えられる保護は、対象者の依存性を増大する」と説明している。「依存的な要保護者」、すなわち稼働能力を持ちながらも働かない人たちに対しては「高度なサービス」すなわちケースワークが必要であるという主張である。これに対して、小川や岡村は小山の側に立ち、「サービス」を是認しながらも保護の「補足性の原理」が「自立」を求めるという「サービス」としての側面を危惧している[3]。つまり、この論争は、所得保障の対象をサービスによって制限することの是非を問うものだった。

　次に「仲村・岸論争」は、仲村優一の「公的扶助研究とケースワーク」という論文に対して、岸勇が異論を唱えたことを契機としている。「仲村・岸論争」の主要な争点は、「制度・政策としての公的扶助に、社会福祉技術としてのケースワークをどう位置づけるのか」というものだった[4]。岸は、公的扶助制度が社会問題によって引き起こされる貧困（経済的問題）を社会的に解決しようとしているのに対して、ケースワークは生活の不具合（非経済的問題）を個人的に解決しようとすると指摘する。ケースワーカーと保護利用者の力関係では、公的扶助制度へのケースワークという「技術」の導入がどのように慎重に行われても「強制されたもの」としての性格を持つことになる。従って、「公的扶助と結びついてケースワーク

3 小川栄二 (2017)「公的扶助・相談機関とケースワーク——1970年代以降の変容と私の体験」『立命館産業社会論集』第53巻第1号, 70頁.
4 加藤薗子 (1979)「仲村・岸論争」『社会事業』36巻1号, 80頁.

は必ず対象者の人権を排除する」[5]とし、生活保護制度からケースワークを分離、排除することが必要だと主張している。

　これに対して、仲村は公的扶助制度から医学モデルによる伝統的、主流的なケースワークである診断派を排除すべきであるとした上で、[6]「扶助とサービスを機械的に分離して考えることなく、経済給付を提供する過程そのものの中に、その過程を、対象者の力に信頼して彼本位に活かす工夫なり配慮なりを伴いつつ、扶助が行われなければならない」と「公的扶助に即したケースワーク」の有効性を訴えている。[7]さらに「公的扶助に即したケースワーク」は、「自己決定の原理」等の人格の尊重と理解、貧困問題への社会科学的認識、公的扶助制度の本質と機能に関する理解を必要としていることを付け加えている。そして、仲村は、「社会問題の体現者であるクライエントは、基本的には、ケースワーカーを通して社会的機関のサービスを受動的に受け取る受手ではなく、ケースワーカーの援助によってサービスを主体的に利用し、自らをめぐる社会的状況－環境を作りかえていくことのできる、自立的な人間として自己展開をとげる人格をもっている」という。このためケースワークとは、当事者に対しての「価値と可能性に対して信頼を寄せ、その人間性を発展せしめるという意味での自立」を助長する「技術」であると主張した。[8]

　ここでの争点は、公的扶助制度へのケースワークという「技術」の導入が保護利用者の最低生活保障を確保するのか、人権侵害を引き起こさないのか、ケースワークにおける「自己決定の原理」が「労働を怠る者」にも認められるのだろうかということだった。

　この時期における自立論、つまり「行政官僚による法解釈の相違」「生

5　岸勇（1957）「公的扶助とケースワーク――仲村氏の所論に対して」野本三吉編（2001）『公的扶助の戦後史』明石書店 , 131 頁。
6　伝統的ケースワークとはケースワーカーがクライエントに対して、パーソナリティと社会的状況を把握し、個人的問題を治療・改善するという医学的視点をもった社会的診断によるケースワークをいう。
7　仲村優一（1983）『ケースワークの原理と技術（改訂版）』全国社会福祉協議会 , 257 頁 .
8　仲村優一（2002）「公的扶助における処遇論」『仲村優一社会福祉著作集 第五巻 公的扶助論』旬報社 , 234 頁 .

活保護サービス論争」「仲村・岸論争」は、「依存状態にある者」「労働を怠る者」などの稼働能力者を対象として社会保障制度における所得保障に無差別平等原則をどこまで徹底できるのかという戦後における民主的改革の課題を含んでいた。そして、戦前から続く惰民養成排除を目的とした救貧策に対して社会福祉がどのような役割を担うのか、ケースワーカーという「専門職員」あるいはケースワークという「技術」がどのような役割を果たすのかという社会保障を活かすための社会福祉の在り方、自立論の理念を問う「自立論模索期」と位置づけられる。

第一次「適正化」期が及ぼしたケースワーカーの専門性軽視

　第一次「適正化」（1954～1956年）は、生活保護による医療扶助費の増大を抑制することを一つの目的として行われた。第一次「適正化」期には、入院患者の退院促進を意識した「入退院基準」が作成され、長期化する結核入院患者について保護からの排除が進められた。さらに、生活保護指導職員が設置され、現業機関としての課題を、ケースワーカーの専門性の確立から「適正化」へと転換させていった[9]。このような保護からの排除の取り組みは、後の朝日訴訟にみられる劣悪な入院生活の実態を告発する取り組みへと発展していく。

　しかし、第一次「適正化」の進行は、白熱していた現場のケースワーカーたちの「自立論」論争を沈滞させ、無差別平等原理などの導入を抑制していった。厚生省は福祉事務所の組織機構の整備とケースワーカーの充足、現任訓練が最も必要な時期に「適正化」を進め、福祉事務所創設時から進められてきた現業機関としての性格、ケースワーカーの専門性という自立論における重要な課題解決の方向性を歪めていった。

---

　9 大友信勝（2000）『公的扶助の展開——公的扶助研究運動と生活保護行政の歩み』旬報社，233-234頁．

(2) 実施体制整備期における自立論
――福祉事務所の新たな役割（1960 ～ 1977 年）

　1960 年は朝日訴訟の第一審判決が出され、社会保障運動が高揚した時期である。朝日訴訟とは、国立岡山療養所に結核病患者として入院していた朝日茂が厚生大臣を相手取り、日本国憲法第 25 条に規定する「健康で文化的な最低限度の生活を営む権利」（生存権）と生活保護法の内容について訴訟を提起したものである。このような運動の高まりと経済の高度成長、厚生省内部の努力が結びつき、1961 年に保護基準算定方式がマーケットバスケット方式からエンゲル方式へと変更され、長く続いた保護基準の抑制が一部改善された。

第二次「適正化」政策に対抗する社会保障運動

　そして、1964 年から 1966 年にかけてエネルギー政策の転換による石炭産業「合理化」などを背景とした失業者の増加に対処する第二次「適正化」が始まる。この時期は就労指導、生活指導への業務が強化され、適正化を進めるケースワーカーと保護利用者やその支援を行う「生活と健康を守る会」など運動団体との間に軋轢が生まれていた。

　この時期福祉事務所においても、保護利用者の権利保障に意欲をもち、仕事の継続を望んでいる職員に対して、本人の希望が尊重されることなく突然「異動」（配置転換）が行われることが頻繁に起こっていた。これはケースワーカーが保護利用者の生活実態をつぶさに観察し、問題改善を図ろうとしたときに制度批判、管理体制批判を行うことになることが大きな原因だった。保護利用者が抱えている問題の改善に熱心に取り組むケースワーカーが「厳しい目」にさらされながら孤立し、さらに「異動」（配置転換）されていった。

　このような福祉事務所の状況のもと、1965 年に国民の権利保障を求めるケースワーカーや研究者により「公的扶助研究全国連絡会」が結成され、生活保護制度の充実を図る研究運動が展開されるようになる。1969 年、神奈川県・湯河原で開催された第 7 回「全国公扶研連全国セミナー」

では、運動や福祉事務所業務に熱意と意欲をもっているメンバーの「配置転換」問題が取り上げられている。そして公的扶助研究全国連絡会が発行した『現業員白書』（1968）は、ケースワーカーが配転の苦痛を乗り越え、真に国民の権利を保障する自治体職員、公務労働者に成長することの必要性を訴えている。

福祉事務所実施体制についての論議

　そもそも福祉事務所は、1951年に社会福祉事業法で規定された生活保護事務を実施する機関として発足した。発足後の1953年、厚生省は福祉三法時代における福祉事務所の体制整備を図るために「福祉事務所運営指針」により標準組織図を示した。これと前後して児童福祉法（1947）、身体障害者福祉法（1949）、精神薄弱者福祉法（1960）、老人福祉法（1963）、母子福祉法（1964）が制定され、福祉六法体制が整備されると、厚生省は「新福祉事務所運営指針」（1971）を示し、生活保護制度を中軸に展開されるいわゆる「生活保護事務所」から福祉全体の事務所への脱皮を図ろうとしていた。

　そして、厚生省は福祉事務所問題研究委員会（委員長は厚生省社会局庶務課長）の検討のもと、福祉六法体制下でそれぞれの対象者ごとに担当者を配置する事項別専門担当制（スペシフィック）を導入することを提案している。そして「総合福祉センター」化を実現するために、1973年から1975年までに実験福祉事務所22カ所を指定し、参考資料を得るためのモデル福祉事務所を指定した。この実験福祉事務所の研究事項は、「福祉六法現業活動」「現業活動における町村、民生委員等の役割分担」「地域福祉活動啓発のための関係機関との連けい」「老人福祉活動の促進」という4つの柱をもとにした16項目だった。事項別専門担当制（スペシフィック）とは対照的に、地域別に担当者を配置する小地域総合制（ジェネリック）という実験をした青森県東地方福祉事務所は、現業員6名を増員し、管内6町村を18地区に分割し、生活保護（概ね35ケース）と福祉（5ケース）を合わせて福祉六法を担当する体制をとった。さらには、予測される

困難や問題点をカバーするため、補助的な事項別担当制の併用、心理判定員の配置、町村への出張相談の実施、研修の実施など様々な体制整備が行われた。その結果、厚生省社会局庶務課、公的扶助全国連絡会などから小地域総合担当制が一定の評価を受けている一方、事項別専門担当制（スペシフィック）を実施した香川県中部福祉事務所などの取り組みへの評価は十分なものではなかった。[10] このような実験福祉事務所の取り組みが実験の終了時期、「福祉見直し」時期に重なったこともあり、それ以降は厚生省から福祉事務所の在り方について事項別専門担当制（スペシフィック）導入について具体的な提起が出されることはなかった。

　同じように 1971 年、全国社会福祉協議会においても社会福祉事業法改正研究作業委員会から「福祉事務所の将来はいかにあるべきか――昭和 60 年を目標とする福祉センター構想」（以下、「福祉センター構想」）が出されている。この福祉センター構想は、年金制度の充実を前提として生活保護部門の縮小や合理化を図り、生活保護法以外の福祉五法の充実という福祉サービスのあり方に言及している。つまり、生活困難者を一括して生活保護法で取り扱うよりも高齢者、母子、障がい者等対象別にナショナル・ミニマム（最低水準）を設定し、各々の実情に即した年金・手当を中心とする所得保障体系を整備するという生活保護実施体制の見直しを提起している。そして、最低生活保障（経済給付）と社会福祉サービス（ケースワーク）という福祉事務所が担ってきた生活保護実施体制を見直し、機能の分離を提案している。また福祉事務所は最低生活保障（経済給付）の他に、児童を中心とする家庭、高齢者、障がい者に関する問題、あるいは複雑で解決の困難な問題に対応する専門的な質の高い福祉諸サービスを生活保護から独立して提供する体制を整備しようと考えた。しかし、この福祉センター構想も実現に至ることはなかった。

　このような所得保障（経済給付）と社会福祉サービス（ケースワーク）の分離論議を反映してか、1970 年度から 1974 年度における生活保護指導

---

10 藤城恒昭（1997）「五法ワーカーと町村職員の現状と課題」小野哲郎他監修『福祉事務所と社会福祉労働者』ミネルヴァ書房 , 93 頁.

監査の方針に「要看護ケース」の処遇充実があげられている。福祉六法体制確立を受けて高齢者や障がい者、傷病者を対象とした「意欲や孤立感」に注目し、生活条件整備（基準、収入認定、資産保有）について生活保護制度においても配慮することを指導している。

　また、公的扶助研究全国連絡会の全国セミナーなどでも福祉事務所の実施体制をめぐり活発な議論が展開されている。例えば、1976 年に自治労京都市職員労働組合民生支部は、職場討議資料として「福祉事務所の現状と問題点——その改革の動向（通称「赤パンフ」）」を発行し、地方自治体として経済給付だけにとどまらない地域の状況に応じた福祉課題にも対応した独自の事業を展開する福祉事務所改革を訴えている。さらに、大津市福祉事務所は 1978 年に「ケース対策のための会議」から「職場の民主的運営に参加する会議、地域の社会福祉を考える会議」に発展させているという職員参加の取り組みを報告している[11]。これらの現場実践は、福祉事務所についての議論を法の運用のための実施体制整備や仕事のやりやすさを追求する労働条件整備というレベルにとどめず、住民の生活問題をしっかりと捉え権利の回復や自立（生活の改善）への援助を行う現業機関へと変えていくことを目指している。

　この時期は政策的に年金制度の充実を背景として、生活保護部門の縮小や合理化を目指した再編が検討されていた。具体的には児童、家庭、高齢者、障がい者問題など社会福祉サービスを生活保護から独立して提供する体制を目指している。つまり、最低生活保障と自立助長（社会福祉サービス）を分離して提供する仕組みである。これに対して、現場実践では地域住民の生活困難の改善を図るため、新たな福祉事務所の役割として経済的自立だけではなく、地域課題の解決をめざすべきではないかという自立論が展開された。

---

11 武元勲（1978）「公的扶助労働論」『経済科学通信』第 22 号 , 179-201 頁.

(3) 第三次「適正化」期における自立論
——排除の行政運用と抵抗の研究運動 (1978 ～ 1993 年)

1980 年代に入ると、第三次「適正化」により極めて厳しい自立論が展開された。この時期は 1981 年に「第二次臨時行政調査会」が立ち上げられるなど、第一次、第二次オイル・ショックによる景気後退の対応を政策課題とし、高率補助金事業の見直しを図った時期だった。このような時代背景のもと、社保第 123 号厚生省社会局保護課長・監査指導課長通知「生活保護の適正実施の推進について」(以下、「123 号通知」)が出され、新たな稼働年齢層排除の仕組みが形成されていった。この通知の内容は、暴力団関係者による生活保護不正受給対策をすべての稼働年齢層に当てはめた。この「123 号通知」で制度化された包括同意書は保護申請に伴い、照会先を特定しない調査への白紙委任状としての役割を果たした。さらに包括同意書の他にも預金調査、扶養義務照会、医師の診断による稼働能力判定などの証拠書類によって、保護利用者に対する生活行為の拘束、自己決定や生活計画への干渉などの管理強化が制度化された。このような管理強化の仕組みは、暴力団関係者だけではなく、善良な申請者にも適用された。その結果、保護利用者同士あるいは支援者と交流を図るといった、新しい環境づくりへの挑戦ができない「孤立」という状況を生んだ。この「孤立」は、保護利用者が単に他者と交流する際に経済的負担がかかるというだけの問題ではない。経済的に自立した生活を送ることができないという負い目や福祉事務所による就労指導等に応えることができないということへの「スティグマ」を増長させる役割を担った。

この時期の「適正化」を進める自立論のモデルは、北九州市生活保護行政が実施してきた相談者に申請をさせない「水際作戦」[12] と呼ばれる行政指導である。北九州市の「水際作戦」は、1970 年代後半、「ケース数の目標管理」「面接主査制度の導入」「執務環境の整備」という取り組みによっ

---

12 生活保護を申請しようとする人に対し、福祉事務所の職員が申請書をすぐに渡さず、窓口の説明だけで終わらせ、申請をさせずに追い返し、相談段階で対象者を必要以上に絞り込む手法。

て進められてきた（戸田 2017）。北九州市は、長年にわたり厚生労働省の生活保護政策を忠実に実行し、推進するモデル地方自治体として評価されてきた。歪められた自立論がある特殊な地方自治体によって確立されていったという問題ではない。わが国では、同じような自立論が展開されている地方自治体が少なくない。それゆえに「北九州方式」は、日本の生活保護制度のモデルとして「水際」で排除することを「自立」という、およそ自立とは程遠い自立論を展開していった[13]。

また、厚生省は 1982 年に生活保護適正実施推進対策要綱を作成し、(1) モデル事務所実地研修事業、(2) 扶養義務収入調査事業、(3) 診療報酬明細書検討事業、(4) 学卒転出就労者調査事業、(5) 長期入院患者社会復帰対策事業、(6) 自立助長援助事業、(7) 就労困難ケース点検調査事業、(8) 療養状況実態把握強化事業、(9) その他創意工夫して実施する事業など、福祉事務所が重点的に取り組むべき「適正化」事業を提起している。これらの事業は、福祉事務所事務費等補助金の補助対象事業として旅費、会議費及び結果報告書作成費等が支給される。このような補助事業を通じて厚生省主導でなく、地方自治体が積極的に「適正化」に取り組む仕組みができあがった。このようにして第三次「適正化」政策は、「123 号通知」による徹底して証拠書類の提出を求める挙証主義を推し進め、経済的自立の強要や「水際作戦」に代表される自立論を展開し、生活困窮者などの稼働年齢層、とりわけ母子世帯などを保護の適用から排除していった。

個人的な体験だが、この第三次「適正化」期の国から地方自治体への「指導」状況を端的に示す事例として取り上げたい。私自身も高齢者福祉を 4 年間担当し、その後、生活保護業務を 3 年間担当した。生活保護を担当した年に、厚生省から生活保護監査指導を受けることとなった。会食の場が設けられ、監査指導官が饒舌に話し始めた。昨年は、革新自治体であるＳ県に監査を実施し、何億円という「返還命令を下した」と話す。

---

13 New York Times (2007.10.12) *Death Reveals Harsh Side of a 'Model' in Japan*, https://www.nytimes.com/2007/10/12/world/asia/12japan.html?_r=2&oref=slogin&oref=slogin （2019.3.14 確認）

また、来月には、同じく革新自治体であるＫ市を監査し「徹底的に痛めつける」という。単に、業務の適正な実施を求めるものが監査だと考えていた私は、極めて政治的な構造があったことを知り背筋が凍るような思いがした。

　このような話をした監査指導官は、第三次「適正化」政策を監査指導という立場から推進し、その監査手法を『指導監査からみた生活保護の実務』としてまとめた。『指導監査からみた生活保護の実務』には、次のような記述がある。

　　第8　自立助長の推進
　　　生活保護制度は、生活に困窮する者に対し、最低生活を保障するとともに、その自立を助長することを目的としている。
　　　自立助長を制度の目的に含めたのは、人はそれぞれ自主独立の可能性をもっており、その可能性を発見し、育成することにより、その人に能力にふさわしい状態において社会生活に適応させることが、福祉の理念に合致するからである。
　　　しかしながら、生活保護により最低生活を保障される状態が長く続くと、ともすれば自らの努力で、自分の生活を維持していこうという意欲を失い、行政を含めた他者への依存傾向が生じがちである。福祉事務所は、要保護者がこのような状態に陥ることを防止し、本人の自立意欲を喚起し、自立のための努力に対し、積極的な指導援助を行うことが必要である。
　　　　　　　　　　　　　　　　『指導監査からみた生活保護の実務』269頁

　この監査指導官は、戦後の「可能性を活かす」とした自立概念に対峙し、戦前の「惰民養成排除」へと回帰させる第三次「適正化」の推進役の象徴だった。

現場実践に基づく自立論とその停滞

　このような「水際作戦」に対して、現場職員や現場出身の研究者、マスコミ関係者により保護利用者が将来に向かって社会的に自立するための実践課題が提起された。例えば、面接相談時の「水際作戦」などの違法性を記した寺久保光良の『福祉が人を殺すとき』（1988）と水島宏明の『母さんが死んだ』（1990）があげられる。これらの著作は生活保護行政による第三次「適正化」政策の実態を告発した。

　また、第三次「適正化」政策に対して地方自治体職員であるケースワーカーの実践から新たな自立論が生まれている。当時は学校に行かない子どもたち、非行に走る子どもたちの多くが生活保護世帯の子どもだった。このような生活保護世帯の子どもたちに手弁当で勉強を教えた「江戸川中3勉強会」から生まれたのが白沢久一、宮武正明などによる「生活力形成」「生活関係の形成」[14]という自立論である。彼らの研究から貧困が親から子へ、子から孫へと連鎖していく保護世帯の状況に疑問を持ち、教育手法を用いた自立論が提起された。さらに、障がい者による自立生活運動の影響を受け、保護受給者の「社会的自立」を主張した自立論もあった。[15]これらは、いずれも生活保護を利用することで生活基盤を整え、社会福祉サービスを主体的に利用し、生活を建て直すという自立論を展開している。

　しかしながらこれらの現場実践からの自立論は、全国的な取り組みへと広がらなかった。問題意識を持ち、「適正化」に対して異議を唱えるケースワーカーの配置転換が、第二次「適正化」期から顕著になっていたからである。不当な配置転換の防波堤になるべき労働組合のナショナルセンターは、1980年代後半に運動方針の違いにより分裂していく。多くの地方自治体の労働組合が分裂し、職場に緊張した状況が生まれていた。さらに1993年には、研究運動を展開してきた公的扶助研究全国連絡会が機関誌に保護利用者を侮蔑する多数の「福祉川柳」を掲載したことが問題とな

---

　14 白沢久一・宮武正明（1987）『生活関係の形成―社会福祉主事の新しい課題―』勁草書房.
　15 大友信勝（1984）「生活保護行政の現状と課題」『日本福祉大学研究紀要』第58号，137-199頁.

り、壊滅状態となる。そして、保護利用者の権利実現に向けて強い意欲で公的扶助研究全国連絡会に参加し、「適正化」政策に対抗してきたケースワーカーは職場での立場を弱くしていった。この事件の背景には、自治体労働組合の対立があった。労働組合は、単に賃金や労働条件の改善だけでなく、地域住民のための業務の見直しを行う「自治研活動」を行っている。この自治研活動と密接な関係を持つ公的扶助研究全国連絡会の活動に対する批判が根底にあったということである[16]。公的扶助研究全国連絡会の活動に不満を抱く者が誌面掲載の「不適切」を煽り、右翼団体による街宣活動や職場での犯人探しが行われ、事件に関与していない者までが精神疾患を患い、職を追われるなど「福祉川柳事件」は拡大していった。ただし、それ以上に公的扶助研究全国連絡会は、社会的に重要な役割を担っているという自負に甘え、機関誌の作成や発行など諸々の組織運営を特定の個人に任せて、正常な判断を逸したという点に大きな問題があった。

この「福祉川柳事件」を契機として、「生活力形成」「生活関係の形成」「社会的自立」など、現場実践から生まれた自立論は、「適正化」政策への対抗策として広がりをみせることはなかった。経済的自立に偏重し、保護からの退出だけを自立と呼ぶ極めて厳しい第三次「適正化」政策による自立論が展開されていった。

(4) 社会福祉の市場化期における自立論──多様な自立論から第四次「適正化」による就労（経済）自立への回帰（1994 ～ 2020 年）

1980 年代、第三次「適正化」政策のもと、生活保護制度における自立論は、「水際作戦」に代表される保護からの排除、徹底して証拠書類の提出を求める挙証主義による経済的自立の強要を進めるものだった。このため現場実践から生まれた自立論も生活基盤を整え、社会福祉サービスを主体的に利用し、生活を建て直し、社会的自立を図るという新たな知見を提起したものの広がりをみせることができなかった。

---

16 大友信勝（2004）『福祉川柳事件の検証』筒井書房，24-33 頁．

1990 年代中頃より保育や高齢者介護に契約制度を導入する社会福祉基礎構造改革による自立論が展開された。1994 年には高齢者介護・自立支援システム研究会が立ち上げられ、「高齢者が自らの意思に基づき、自立した質の高い生活を送ることができるように支援する」という高齢者介護に関わる「自立支援」という政策用語が登場した。そして、介護を保険制度によって運営する介護保険制度が導入されることとなった。このような政策転換に伴い、1951 年に制定された社会福祉事業法が 2000 年に「社会福祉法」と名称変更され、内容も大幅に「改正」された。第 3 条「福祉サービスの基本的理念」では、「福祉サービスは、個人の尊厳の保持を旨とし、その内容は、福祉サービスの利用者が心身ともに健やかに育成され、又はその有する能力に応じ自立した日常生活を営むことができるように支援するもの」と規定された。

生活保護制度における自立概念の見直し

　この改正は生活保護制度における自立論にも影響を与えた。2004 年「生活保護制度の在り方に関する専門委員会」は、「利用しやすく自立しやすい制度へ」という方向へ生活保護制度を見直し、自立概念を社会福祉法の基本理念に基づき「就労自立支援」のみならず、「日常生活自立支援」「社会生活自立支援」へと転換することを表明した。その具体的な方法として自立支援プログラムという社会福祉サービスが創設された。これは、生活保護法第 27 条「指導及び指示」という保護の停止や廃止などの行政処分を伴う法定受託事務に加え、第 27 条の 2 として「相談及び助言」が自治事務として加えられ、行政処分を伴わない福祉サービスにあたるものと位置づけた。このため「相談及び助言」として、生活保護自立支援プログラムは、社会福祉法人、NPO 法人、営利法人などに業務委託やアウトソーシングが可能となった（戸田 2009）。

　このような政策動向を踏まえ、第 33 回（2000）及び第 37 回（2004）の公的扶助研究会全国セミナーでは、最低生活保障（経済給付）と自立助長（ケースワーク）の一体的運用について、アウトソーシングを進めるべ

きか、公的サービスを維持すべきなのか、分離論、一体論（統合論）など様々な議論が展開された。そして、生活保護制度においても障がい者運動が提唱した「私たちのことを私たち抜きで決めるな」（Nothing about us without us）という社会福祉サービス利用における当事者主体の自立論を確立させていこうという気運が高まった。

　さらに、生活保護自立支援プログラムが全国的に実施されるなかで、福祉給付を利用しながら一般就労の職場で働く半福祉・半就労への取り組みである中間的就労が「釧路モデル」と呼ばれ、注目を浴びた。中間的就労とは、経済給付を利用することなく自らの力で収入を得るための一般就労、あるいは経済給付を利用しながら最低賃金以下で働く福祉就労でもない。一般就労で働きながらも生活保護を利用するという半分は福祉に頼り、半分は自らが就労する第三の働き方である。この「釧路モデル」が保護利用者の多様な生き方を切り開く新しい自立論として注目を浴びた。

就労支援への回帰とボーダーライン対策の法制化

　この時期に「適正化」を主張する自立論も生まれている。全国知事会と全国市長会は、「骨太の方針2004」[17]などで方向づけられた三位一体改革による生活保護費の国庫負担金削減を阻止することを目的とし、2006年に「新たなセーフティネットの提案――『保護する制度』から『再チャレンジする人に手を差し伸べる制度』へ」（以下、「新たなセーフティネットの提案」）を発表した。「新たなセーフティネットの提案」は、稼働能力者に対して、経済給付の条件として「プログラムに真剣に参加すること」を義務づけ、保護適用を生涯で5年間に限定するというものだった。しかし、この提案については、現場関係者や研究者などから多くの反対意見が出たため実現に至らなかった。

　その後、2008年にリーマンショックが起こり、保護利用者数は急増した。

---

17 小泉純一郎内閣時、「聖域なき構造改革」の着実な実施のため経済財政諮問会議により3兆円規模の税源移譲を行うことを先行決定し、これに合わせて義務教育国庫負担や生活保護費国庫負担等の削減が決議された政策の基本骨格。

このため2010年に当時の平松邦夫大阪市長が指定都市市長会を代表して長妻昭厚生労働大臣に、生活保護を含めた貧困・困窮者支援にかかる緊急要請として「社会保障制度全般のあり方を含めた生活保護制度の抜本的改革〜『働くことができる人は働く』社会へ〜」という提言を出している。この提言のベースにあるのは先述の「新たなセーフティネットの提案」であり、内容的に大きな差異はみられない[18]。この指定都市市長会の提言をもとに2011年、「生活保護制度に関する国と地方の協議」が2回開催され、その後「中間とりまとめ」が報告されている。2012年、社会保障審議会で「生活困窮者の生活支援の在り方に関する特別部会」が設置され、2013年に「生活困窮者の生活支援の在り方に関する特別部会報告書」が出されている。その間に、政権交代があり「寄添い型・伴走型支援」などの議論は見直され、ボーダーライン層を対象とした生活困窮者支援制度の創設と保護利用者を対象とした生活保護制度の見直しを一体的に行うという政策課題を提起していた。

　このような経緯から生活困窮者自立支援法が制定され、生活保護自立支援プログラムにおいて「釧路モデル」と称され、保護利用者の多様な自立をめざす中間的就労（半福祉・半就労）の取り組みが生活保障給付を伴わない職業訓練として名称だけでなく、まったく異なる内容のものとして見直された。

　次に、生活保護法の見直しにより保護基準が引き下げられ、これまで法に規定していなかった申請書や同意書を改めて法に基づくものとした。さらに、保護利用者に対して保護開始段階で積極的に就労活動に取り組む場合は就労活動促進費を支給することになった。そして「6月間を目途に、保護利用者主体の自立に向けた計画的な取組についての確認を行い、そのことについて本人の納得を得て集中的な就労支援を行う」という期間を区切った就労への取り組みの評価を促している。その結果、「一定期間経過

---

18 大阪市（2013）「生活保護行政に関するよくある質問　抜本的改革の提案（指定都市市長会）について」http://www.city.osaka.lg.jp/fukushi/page/0000091680.html#19（2019.3.14確認）

後も就職の目途が立たない場合等には、それまでの取組に加えて、本人の意思を尊重しつつ、職種・就労場所を広げて就職活動を行う」、保護開始後3〜6カ月段階で仕事が決まらない場合においては「低額であっても一旦就労することを基本的考え方とすることを明確にすべき」などと「切れ目のない就労・自立支援」が行われることが規定された。また生活保護廃止となるタイミングで、廃止後の自立を支える目的で就労自立給付金が支給される。このように、生活保護法では、「切れ目のない就労・自立支援とインセンティブの強化」策として保護開始時に就労活動促進費、廃止時に就労自立給付金を支給する制度を整備し、就労・自立支援への評価が行われる仕組みが整備された。

その他にもボーダーライン対策として北九州市などでみられる地域福祉のネットワーク「民生委員児童委員、福祉協力員（ふれあいネットワーク）」による行政主導型「地域福祉」の取り組みが、保護を受ける手前の自立支援として実施されている[19]。

加えて、無年金者対策として、年金受給のための資格期間（保険料の納付期間）を25年から10年に短縮した。さらに、2019年10月に公的年金等の収入金額や所得が一定基準額以下の高齢者や障がい者に対して、生活の支援を図ることを目的として、年金に上乗せして支給する年金生活者支援給付金制度が創設された。これらは消費増税に伴う「社会保障・税一体改革」として実施された[20]。

このように第四次「適正化」を進める自立論は、就労インセンティブを失った福祉依存者と不正受給者の存在を強調する。そして、「切れ目のない就労・自立支援」を掲げ、「保護開始時から6カ月以内に働くこと」「もし就職口が見つからなくてもまずは働くこと」を就労活動促進費、就労自

---

19 戸田典樹（2017）「生活保護行政における自立支援の到達点と課題——伝統的自立支援を克服し新しい自立支援の確立を目指して」大友信勝監修『社会福祉研究のこころざし』法律文化社.

20 畠中亨（2015）「2012年公的年金改革における高齢低所得者対策——年金生活者支援給付金法を中心に」鷲谷徹編著『変化の中の国民生活と社会政策の課題』中央大学出版部, 57-81頁.

立給付金を支給しながら進める新たな就労（経済）自立論である。この就労（経済）自立論を補完するものとして中間的就労の見直しに代表される生活困窮者自立支援法の整備、無年金者や低年金受給者の解消、地域福祉による安否確認などボーダーライン対策の取り組みがあり、これまでの「適正化」政策とは異なる社会的セーフティネットの見直しを行い、生活保護への侵入を防ぐ体制を整備したところに特徴を見いだせる。

3．生活保護制度における自立論の変遷からみる到達点と課題

　本章では生活保護制度における自立論の時期区分について、「適正化」政策における時期区分を基軸にしながらも、最低生活保障（経済給付）や現場実践を加味して分析を行ってきた。そして自立論の変遷を（1）断絶と連続の自立論模索期——制限扶助主義から一般扶助主義への社会福祉の役割（1950 〜 1959 年）、（2）実施体制整備期——福祉事務所の新たな役割（1960 〜 1977 年）、（3）第三次「適正化」期——排除の行政運用と抵抗の研究運動（1978 〜 1993 年）、（4）社会福祉の市場化期——多様な自立論から第四次「適正化」による就労（経済）自立への回帰（1994 〜 2020 年）の4つに区分した。

　生活保護制度における自立論は、概観すれば生活保護費を抑制するためのものと、保護を利用して困窮者の生活を安定させ、その人にふさわしい生き方を支援するためのものに分かれた。そして、現代社会の自立論は、（4）「社会福祉の市場化期——多様な自立論から第四次『適正化』による就労（経済）自立への回帰」が示すとおり保護基準の引き下げ、生活保護法の「改正」、生活困窮者自立支援法というボーダーライン対策の創設などの第四次「適正化」政策とともに自立論が展開されている。そして「生活保護制度の在り方に関する専門委員会」が提起した自立概念の多様化を、改めて就労（経済）自立へと回帰させた。しかし第三次「適正化」期とは異なり、実施機関には命令、指示等の職権の活用を戒め、行政運用が違法とならないよう、合法的な判断と手順を確保する形態をとっている。

さらに、「自立支援」という政策用語を使用し、利用者主体を掲げ、プログラム化を図り、社会福祉サービスを商品化し効果測定を行っている。そして、アメリカやイギリスで福祉依存者への対策として問題視されてきた「就労インセンティブ」を強調し、期限を区切った集中的就労支援を展開している。

　このような状況のもと現代の自立論は、図1.2のとおり第三のセーフティネットとして位置づけられてきた生活保護制度、さらにその手前での「援助」を行うボーダーライン対策、そして、社会保険制度である年金制度の見直しが実施されている。第三のセーフティネット、あるいは最後のセーフティネットと呼ばれる生活保護制度は2013年に改正され、「切れ目のない就労・自立支援」を導入し、就労自立給付金、就労活動促進費などの経済給付を誘引策とする徹底した就労（経済）自立論が展開された。また、近年の生活保護基準の見直しにより、3年間で670億円の生活保護費が削減され、保護利用者の限定化が進められた。[21]

　次に、ボーダーライン対策では、生活困窮者自立支援法が整備され、困窮者がダイレクトに生活保護利用に至らない仕組み、生活保護から排除された人を支援する仕組みを作っている。ただし、一方でこれまで生活保護制度の対象とされていなかった社会的ひきこもり状態にある人、家族からの扶養援助を受けている人などへの支援も可能となり、対象が広がるという側面もみられる。このため第四次「適正化」政策が意図するように生活保護制度を利用させない方向ではなく、多様な自立への取り組みを支える現場実践も生まれている。

　また、2019年10月より消費税が8％から10％に引き上げられたことに伴い、年金生活者支援給付金という社会手当が高齢者、障がい者などの所得の低い年金受給者対策として創設された。ただし、この制度は所得の低い年金受給者を対象としているものの、無年金者については対象として

21　なお，白井康彦は，『生活保護削減のための物価偽装を糾す！』（2014年，あけび書房）において生活保護基準引き下げのため「物価偽装」という意図的な統計資料の操作が行われているという指摘をしている。

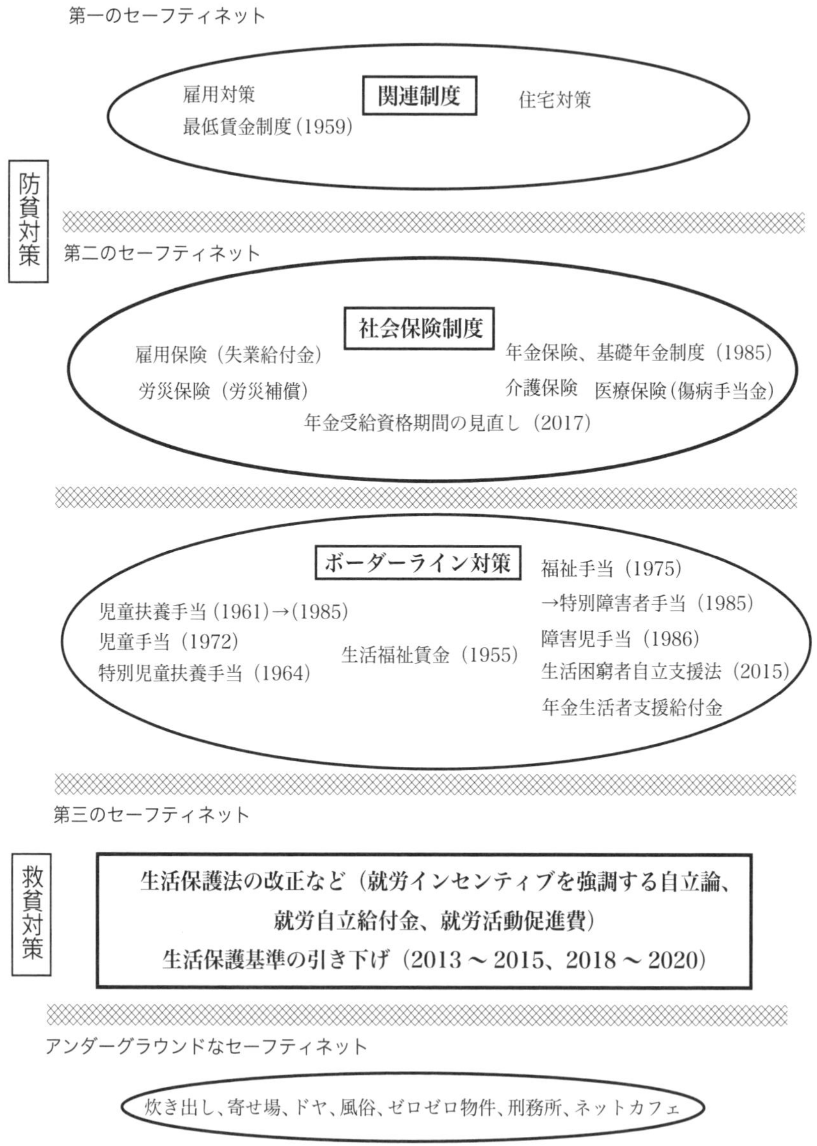

第一のセーフティネット

関連制度

雇用対策　　住宅対策
最低賃金制度（1959）

防貧対策

第二のセーフティネット

社会保険制度

雇用保険（失業給付金）　　年金保険、基礎年金制度（1985）
労災保険（労災補償）　　　介護保険　医療保険（傷病手当金）
年金受給資格期間の見直し（2017）

ボーダーライン対策　福祉手当（1975）
　　　　　　　　　　　　　　　→特別障害者手当（1985）
児童扶養手当（1961）→（1985）
児童手当（1972）　　　　　　　障害児手当（1986）
特別児童扶養手当（1964）　生活福祉賃金（1955）　生活困窮者自立支援法（2015）
　　　　　　　　　　　　　　　年金生活者支援給付金

第三のセーフティネット

救貧対策

生活保護法の改正など（就労インセンティブを強調する自立論、
就労自立給付金、就労活動促進費）
生活保護基準の引き下げ（2013～2015、2018～2020）

アンダーグラウンドなセーフティネット

炊き出し、寄せ場、ドヤ、風俗、ゼロゼロ物件、刑務所、ネットカフェ

図1.2：社会的セーフティネットの仕組み

筆者作成

いない。また、月額 5000 円を基本として算出される仕組みであり、この制度の創設だけでは、生活困窮者の最低生活を保障することは難しい。

　最後に、第二のセーフティネットとして位置づけられる社会保険は、年金受給の資格期間を 25 年から 10 年へと短縮された。ただ、保険料を 10 年間納付した場合の老齢基礎年金額は 2019 年度で 19 万 5000 円（月額 1 万 6250 円）となり、この制度だけで最低生活を確保することは容易ではない。さらに、保険料の納付期間が 10 年に満たない者は、無年金のままである。このような低額年金受給者、無年金者の最低生活をどのように保障するのかが今後の課題となる。

　このような社会的セーフティネットのほころびは、炊き出し、風俗、寄せ場やドヤ、刑務所、ネットカフェなど極めて歪んだ「アンダーグラウンドなセーフティネット」を生み出し、そこで生活するしかない人たちをかろうじて支える構造になっている。

　以上のように、第四次「適正化」政策は、第三のセーフティネットとして位置付けられる生活保護制度の見直しだけにとどまらず、社会的セーフティネット全体の見直しを伴うものだった。このため単に生活保護制度を利用する人だけでなく、排除された人、何らかの事情で利用できない人など、生活に困窮する人たちの最低生活をどのようにして保障するのかという所得保障の課題が生じるようになった。加えて、最低生活保障を活かしてその人にふさわしい多様な生き方をどのようにして支えるのかという自立論の課題を現場実践にもたらした。このため、改めて第四次「適正化」政策によって歪められた社会的セーフティネットを見直し、生活保護から排除する仕組みから、最低生活を保障する所得保障の仕組みへと転換するとともに、それを活かすための自立論の確立が求められている。

おわりに

　本章では、生活保護制度の自立論の時期区分を実施した。生活保護制度の自立論は、歴史的変遷をみると政策と現場実践の間に大きな対抗関係が

生じていた。生活保護行政の自立論は、ほぼ終始一貫して経済的自立を目指した。一方、現場実践の自立論の中には経済的自立をめざすという旗を掲げながらも、実際は日常生活自立、社会生活自立、精神的自立など様々な自立論が存在した。リーマンショック後、保護利用者は急増し、さらに経済的自立による保護の引き締めとして第四次「適正化」政策が展開された。ここでは、生活保護基準の引き下げとともに新たに「就労インセンティブを強調する自立論」が提起されている。このため現代の生活困窮者支援の課題として、第四次「適正化」政策に対抗して、生活保護制度に生活困窮者を包摂し、最低生活保障とその人にふさわしい自立論を展開することの必要性を訴えた。第2章では、現代の生活保護における自立論である「切れ目のない就労・自立支援とインセンティブの強化」について検討したい。

第2章

「切れ目のない就労・自立支援とインセンティブの強化」という自立論を考える

はじめに

　本章では 2013 年度の生活保護法「改正」とともに導入された「切れ目のない就労・自立支援とインセンティブの強化」という自立論（以下、「就労インセンティブを強調する自立論」）について言及したい。なぜなら、日本の生活保護法が、主にアメリカやイギリスなどで実施されてきた「福祉依存者」を対象とした「就労インセンティブを強調する自立論」を導入しようとしているからである。

　第 1 章でも述べたとおり、日本の生活保護制度は「無差別平等の原理」を謳いながらも「補足性の原理」を強調して、失業者やシングルマザーなどの稼働年齢層を排除してきた。それに対して、アメリカやイギリスでは、厳しい所得・資産調査を前提とした社会保障制度が整備されており、稼働能力者だからといって公的扶助制度を他の制度と比べて特段の制限もなく利用でき、スティグマを感じさせることも少ない。このためすぐにでも働くことが可能な失業者、あるいは単純な就労阻害要因を抱えた者を多

く包摂しており、その中には一定数「福祉依存者」が存在するのである。

　従って「就労インセンティブを強調する自立論」は、常に稼働年齢層を排除している日本の生活保護制度にはなじまない。「福祉依存者」という問題を解決するよりも、低い捕捉率を改善し、稼働年齢層を包摂する生活保護制度へと転換するという課題がある。そのためには、2004年に社会保障審議会福祉部会「生活保護制度の在り方に関する専門委員会」が提起した、「利用しやすく自立しやすい制度へ」という方向のもとに、稼働年齢層でも最低生活保障という仕組みを活かして多様な自立への歩みができる新たな自立論が必要となる。

1．「就労インセンティブを強調する自立論」が進める生活保護政策

(1) 第四次「適正化」政策の一環として導入された「就労インセンティブを強調する自立論」

　第四次「適正化」政策の一環として導入された「就労インセンティブを強調する自立論」は、図2.1のとおり、2013年5月、8月、2014年7月と段階的に導入された。この制度の対象者は「福祉事務所が就労可能と判断する者（高校在学、傷病、障がい等のため就労困難な者を除く）であって、就労による自立に向け、集中的な就労支援を行うことが効果的と思われる者」とされている。その他にも「現在就労中であっても増収を目指せる」「治癒等により就労可能になった場合」「早期脱却が可能となる就労が直ちには困難と見込まれる場合であっても、集中的な支援を行うことが特に必要と福祉事務所が判断した場合」というように、稼働能力者という対象を広く捉えている[1]。

　その内容は、「保護開始段階」「保護開始後3〜6月段階」「就労開始段階」「保護脱却段階」「保護脱却後」の5段階にわたって、それぞれの段階で就労のための活動目標を定め、就労インセンティブを設定している。

---

1 厚生労働省社会・援護局保護課（2013）「切れ目のない就労・自立支援とインセンティブの強化」『生活と福祉』10月号 No.691, 7頁.

① 保護開始段階での取組

○本人の納得を得た集中的支援（2013年5月から実施）

働く能力がある等保護受給開始後、一定期間内に就労自立が見込まれる者を対象に、原則6カ月以内の一定期間を活動期間とする、受給者主体の自立に向けた計画的な取組についての確認を行い、本人の納得を得て集中的な就労支援を実施

○就労活動促進費の創設（2013年8月から実施）

自ら積極的に就労活動に取り組んでいる者に対して、活動内容や頻度等を踏まえて就労活動促進費の支給

・支給金額：月5,000円（支給対象期間：原則6カ月以内、延長3カ月、再延長3カ月、最長1年）
・支給要件：被保護者が、福祉事務所と事前確認した活動期間内に保護脱却できるよう、ハローワークにおける求職活動等を月6回以上行っているなど計画的な就労活動に積極的に取り組んでいること

② 保護開始後3〜6月段階での取組

○職種・就労場所を広げて就職活動（2013年5月から実施）

希望を尊重した求職活動の結果、就職の目途が立たない場合等は、「職種・就労場所を広げて就職活動」を基本とする。

○低額であっても一旦就労（2013年5月から実施）

それまでの求職活動を通じて直ちに保護脱却可能な就労が困難と見込まれる者については、生活のリズムの安定や就労実績を積み重ねることでその後の就労に繋がりやすくする観点から、「低額であっても一旦就労」を基本的考え方とする

③ 就労開始段階の取組

○勤労控除制度の見直し（2013年8月から実施）

就労意欲が高まるよう、基礎控除のうち、全額控除額の引き上げ及び控除率の定率化（最低控除額8,000円→15,000円、一律10%、就労人数が最も多い収入区分　20,000円　控除額15,600　5,190円増、総数の平均就労収入額　67,000円　控除額20,400円　2,420円増）

④ 保護脱却段階での取組

○就労自立給付金の創設（2014年7月から実施）

保護脱却後に税、社会保険料等の負担が生じることを踏まえて、生活保護脱却のインセンティブを強化

・支給金額：上限額 単身世帯10万円、多人数世帯15万円
　　　　　　保護脱却前の前6カ月間の各月の就労収入額に対し、算定率に乗じて算定した額と上限額いずれか低い額を支給。
・支給要件：安定した就労の機会を得たこと等により、保護を必要としなくなった者

⑤ 保護脱却後の取組

○新たな相談支援事業の運営機関にその後の支援を繋ぐことで、連続的支援を検討

図2.1：切れ目のない就労・自立支援とインセンティブ強化について

出所：厚生労働省社会・援護局保護課（2014）「就労支援等の実施状況について」（第16回社会保障審議会生活保護基準部会資料1）https://www.mhlw.go.jp/file/05-Shingikai-12601000-Seisakutoukatsukan-Sanjikanshitsu_Shakaihoshoutantou/0000038830.pdf （2019.5.27確認）

1段階目となる「保護開始段階」では、生活保護開始から原則6カ月以内に就職することを目指して、「本人の納得を得て」集中的な支援を実施する。就労による自立に向けた計画的な取り組みを本人と福祉事務所とが双方で確認するための「自立活動確認書」を作成する。そして「ハローワークでの求職活動等を月6回以上行っている」など計画的な就労活動に積極的に取り組んでいる者に対して就労活動促進費月額5000円程度が支給される。

　2段階目の「保護開始後3〜6月段階」では、直ちに保護脱却が可能となる程度の就労が難しい者には、低額であってもいったん就労に向けた求職活動を行うことを基本的考え方にしている。この時期に就職のめどが立たない場合には、「本人の意向を尊重しつつ」としながらも職種や就労場所の範囲を広げて求職活動を行うことを促している。

　2段階目の求職活動の結果とは、就労を開始した「就労開始段階」である。ここでは、勤労控除制度の見直しを実施している。その内容は、基礎控除のうち最低限控除額を8000円から1万5000円に引き上げるとともに、控除率を一律10%とするものである。ただ一方で、年間就労収入の1割を上限に控除する特別控除を廃止したため、実質的には月単位の基礎控除と年単位の特別控除を一本化したということになる。

　4段階目となる「保護脱却段階」では、保護脱却へのインセンティブを図るための就労自立給付金を創設している。保護を必要としなくなった月の前6カ月のうち、就労収入の一部（最大30%）を仮想的に積み立てたとし、保護廃止に至った時に単身世帯10万円、多人数世帯15万円を上限として給付金が支給される仕組みである。この制度は保護廃止時に他の社会保険料や税の減免制度が打ち切りとなり、就労インセンティブが働かないことへの対応策となっている。

　「保護脱却後」では再度保護に至ることがないよう、生活困窮者自立支援法による自立相談支援事業を行うとしている。

　このような段階を踏んだ「自立に向けた計画的な取組の確認に応じない」場合は、求職活動状況や収入の「申告を行わない者」であるとみな

し、求職活動を十分に行わない場合と同じく、最終的には実施機関が保護の変更・停止、または廃止をすることになっている[2]。

(2) 就労インセンティブを配した自立論の問題点

　就労自立が進まない保護利用者に対して、就労活動の段階ごとに就労インセンティブを配した制度をみていきたい。

　まず保護開始段階での就労活動促進費についてである。2017年度の中核市47自治体における就労活動促進費の支給状況を調査したところ、支給していない市が40市あった。それに対して支給したのはわずか7市、16人程度に過ぎない。さらにその16人のうち就職に結びついたのは6市の12人、保護廃止となったのは5市で6人にとどまっている[3]。対象となる30万人以上の中核市の被保護者数にもよるが、この調査を踏まえると、就労活動促進費に就労インセンティブの効果があるとするのは無理がある。就労活動促進費の支給要件は原則、「月1回以上求職先の面接を受けている又は月3回以上求職先に応募している」「月1回以上保護の実施機関の面接を受ける」必要がある。さらに「自立活動確認書に基づき(a) 公共職業安定所における求職活動、(b) 保護の実施機関が行う就労支援への参加、(c) 生活保護受給者等就労自立促進事業への参加などを組み合わせて原則週1回以上の活動を月6回以上行っている」などの条件を満たすという、極めてハードルの高い就労活動が支給の前提要件となっていることも少数にとどまる一因だろう。保護開始から原則6カ月以内に就労活動促進費を得るための活動を行うことは、現実的には厳しいと考えられる。第3章の調査でも述べるように、生活保護を利用する人の多くが家族や社会とのつながりを失い、心理面でも深い傷を負っている。そのような人が、生活保護を受けて心の傷を癒す暇もなく「働いてください」と促され、すぐに活発な就労活動を行うことは極めて難しい。しっかりと

2　厚生労働省社会・援護局長（2013）「就労可能な被保護者の就労・自立支援の基本方針について」『賃金と社会保障』No.1596, 35頁.
3　大津市福祉事務所（2017）「生活保護に関する事務の運用について」（集計結果）2頁.

したアセスメント、そして、本人の納得できる支援計画が必要だろう。

　次に、就労開始段階の就労インセンティブについて制度見直し前と見直しから1年後を比較した調査では、増収者が7万7478人となりその平均増収額は1万8464円となる一方で、減収者が6万3443人となりその平均減収額は1万6194円、そして増収も減収もしなかった人も1万4500人ほどいるというデータが公表されている[4]。このデータでは、就労インセンティブを導入しようとした勤労控除制度の見直しが就労収入の増加を促し、保護廃止へと誘導する仕組みとなっているものの、期待通りの効果はみられない。

　最後に、就労脱却段階で行われる就労自立給付金をみていく。厚労省が就労自立給付金の受給者や各自治体に行った調査によると、福祉事務所から説明を受けるまでは就労自立給付金制度を知らない者が95.5％と、ほとんどの者が制度の存在を知らない。また、就労自立給付金を申請した被保護者のうち、就労開始から6カ月以内に保護廃止となった者は67.1％である。ただし就労自立給付金の説明を受けたのは、保護廃止前月や保護廃止月、あるいは保護廃止後だと答えた者が80.7％にも上る。これに対して、就労自立給付金に関する情報を「就労指導の際に説明している」と答えた自治体は、874自治体中647あった。複数回答で、「保護開始時に説明」「日々のケースワークの中で定期的に説明」と答えた自治体も延べ555あり、調査ではほとんどの自治体が保護廃止前月よりも早いタイミングで給付金の存在を被保護者に伝えていることになっている。しかし伝え方は十分とはいえず、ほとんどの被保護者がこの給付金の存在を知らずに就労活動を行っていた。つまり、この制度が就労インセンティブを向上させたとは言いにくい。

　また、就労自立給付金を受給した世帯が1年以内に困窮状態となり再び保護に至った事例は75％に上る。それに対して、就労自立給付金を受

4　厚生労働省社会・援護局保護課基準係（2016）第26回社会保障審議会生活保護基準部会資料1「就労・自立インセンティブの強化を踏まえた勤労控除等の見直し効果の検証」https://www.mhlw.go.jp/file/05-Shingikai-12601000-Seisakutoukatsukan-Sanjikanshitsu_Shakaihoshoutantou/kijun02_3.pdf（2019.6.27確認）

給していない者も含めた世帯が1年以内に再度保護に至る事例は、49.7%である。つまりこの調査の結果は、就労自立給付金が保護利用者の安定した生活を生み出す仕組みにはなり得ていないことを示している。[5]

これまで「就労インセンティブを強調する自立論」について概要を説明したが、段階的な保護利用者への取り組みが、就労インセンティブを生み出しているとは言い難い。

このような「就労インセンティブを強調する自立論」は、「本人の意向を尊重しつつ」とはしながらも就労自立のみが強調され、早急に保護からの退出を求めるものである。現状、社会福祉法における「福祉サービスの基本理念」に規定する「心身ともに健やかに育成され、又はその有する能力に応じ自立した日常生活を営むことができる」という、個々人の多様な自立への支援を行うものにはなっていない。

2. 先行研究からみる「就労インセンティブを強調する自立論」

近年、日本の生活保護制度における対象者理解には、大きく分けて二つの研究がある。一つは福祉利用のための就労義務を強調し、働かない者を「福祉依存者」とするワークフェア政策についての研究である。もう一つは就労や様々な形態の受給資格の有無を問わない、多様な自立についての研究である。このような日本の生活保護制度における所得保障と就労支援施策についての先行研究は、表2.1のとおり、大きく二つに区分できる。

(1) 就労インセンティブの必要性を強調する自立論

最初に、就労インセンティブを生み出すために、社会保障制度の間の整合性をとることを指摘した研究がある。道中隆は、生活保護世帯の実態調査を実施し、働く保護利用者の平均収入が大阪府の最低賃金制度で得られ

---

5 厚生労働省社会・援護局保護課基準係(2017)第31回社会保障審議会生活保護基準部会資料3「就労自立給付金アンケート調査結果」https://www.mhlw.go.jp/file/05-Shingikai-12601000-Seisakutoukatsukan-Sanjikanshitsu_Shakaihoshoutantou/0000176355.pdf (2019.6.26確認)

	ハードなワークフェア政策を肯定的に捉え日本の生活保護制度への就労インセンティブ施策の導入を提案する研究		ハードなワークフェア政策、就労インセンティブ施策の導入に対して異論を展開する研究	
	道中　隆	星　貴子	埋橋孝文	後藤玲子
公的扶助費の削減	生活保護の老齢加算、母子加算の削減、逓減率の導入、高校の就学費用の認定等これまでと異なるナショナル・ミニマム設定上の評価尺度に関する制度改革についての妥当性や問題点、課題を明らかにすることにおいては着手の段階にとどまった。	厳しい財政事情を改善する方策として就労インセンティブを高めることを考えている。	生活保護における選別主義制度の「拡充」が急務と考えられる。（中略）生活保護や児童扶養手当などの選別主義的制度の所得制限を緩和することにより、その適用人数を増やすことである。	日本の公的扶助改革で大事なことは、費用を節約することでもなく、受給者の数を減らすことでもない。
就労支援への課題	就労インセンティブを促進する施策（生活保護制度と最低賃金や社会手当などの整合性を確保し、保護から退出した場合に可処分所得が低くならないようにする）の導入を提案している。		日本では失業保険の給付期間が国際的にみて非常に短く、長期失業者には原則として生活保護が適用されないから、彼らを対象とした労働インセンティブを高める政策はそれほど問題になりえない。	「高い給付が働く意欲を減退させる」という就労インセンティブ問題に対して、「働くことができるとしたら働き、提供する」という「公共的相互性」を確立することを強調している。

筆者作成

る月額 10 万円を大きく下回ることに着目している[6]。

　また道中は、A市の全世帯類型を対象とした就労自立支援プログラム参加者、S市のホームレス自立支援施設退所者、B市自治体で生活保護を利用する母子世帯という3つのグループの就労収入を比較した[7]。その結果、それぞれ平均値が就労自立支援プログラム参加者6万8340円、ホームレス自立支援施設退所者15万3453円、生活保護を利用する母子世帯7万6116円となり、ホームレス自立支援施設退所者が大幅に最低賃金制度で

---

6 稼働所得の収入見込み月額の目安（possibility＝実現可能閾）として，最低賃金法に地域別最低賃金（大阪府708円，東京都714円）時間給708円×21日≒100,000円（千単位は四捨五入）を基準とした場合，これを下回る稼働収入を「閾下稼得」としている。

7 道中隆（2009）『生活保護と日本型ワーキングプア——貧困の固定化と世代間継承』ミネルヴァ書房, 86頁.

得られる月額を上回った。そして、生活保護を利用していないホームレス自立支援施設退所者の収入は、生活保護を利用する就労自立支援プログラム参加者、母子世帯の約2倍となっているものの、ホームレス自立支援施設退所者は「ホームレス生活から自立への厳しい壁を乗り越え住居を確保し、稼いだ賃金ですべての生活を賄っていかねばならない」対象者であると指摘した。それに対して、保護を利用する就労自立支援プログラム参加者、母子世帯は「最低生活が保障されていることから生計上の生活リスクはなく、就労インセンティブのメカニズムが働きにくい構造になっている」のだという。

　道中はこの調査から最低賃金を引き上げ、常勤で働いた場合、生活保護基準を上回る所得を得られるようにすべきだと提案する。そして就労インセンティブ政策として収入の少ない人は政府に税金を納めず、逆に政府から給付金を受け取る負の所得税の導入、一時扶助の創設、勤労控除の拡大などを提案している[8]。また、就労支援を実施しているにもかかわらず、依然として働くことができない者については、「アセスメントを含めて個別具体的に被保護者の仕事に関する能力開発の機会の充実をはかるなど就労から教育・訓練への政策転換」が必要だと述べている。つまり「自立支援プログラムと、教育・訓練の期間中の所得保障や育児保障といった施策を重層的に組み合わせるなど政策にバリエーションを持たせることが何よりも大切である」という就労インセンティブを強化する自立論の整備を提案するものになっている[9]。

　同じように、就労インセンティブを生み出すために、税金や保険料負担、あるいは減免措置などをなくすことで生活保護利用時よりも生活保護脱却後において可処分所得が減少するという逆転現象の見直しを提案した研究がある。星貴子は、イギリス政府が2013年から2017年にかけて導入した低所得者や失業者を対象としたユニバーサル・クレジット（Universal Credit）制度を紹介している。ユニバーサル・クレジットは、

8 同上, 179頁.
9 同上, 88頁, 179-180頁.

これまで個別に存在していた所得補助（［Income Support］わが国の生活保護制度に該当）、求職者手当（Income-based Jobseeker's Allowance）、雇用・生活支援手当（Income-based Employment Support Allowance）、住宅補助（Housing Benefit）という四つの社会保障給付と、勤労税額控除（Working Tax Credit）および児童税額控除（Child Tax Credit）という二つの税額控除を統合した所得保障である。このようなユニバーサル・クレジットを導入することで、生活保護制度から退出後に受けられなくなる減免措置や社会手当の損失分を補塡し、生活保護受給中と退出後の所得に逆転現象が生じないようにするべきであると提案している[10]。つまり、生活保護制度をなくす、あるいは縮小化するという提案である。

なお、ユニバーサル・クレジットは、制度利用者がジョブセンタープラス（わが国のハローワークに相当）と就労関連活動に関する誓約（Claimant Commitment）を締結し、その誓約が履行されない場合には給付の取り消しや減額といった罰則が科される。また何らかの理由で、指示どおり働くことができない場合は、給付制限などが課せられるという仕組みである。

(2) 就労インセンティブの導入に懐疑的な自立論

その一方では、就労インセンティブを強調する就労支援策を日本の生活保護制度へ導入することに否定的な研究もある。埋橋孝文は、まずハードなワークフェア政策を進めてきたアメリカやイギリスなどでは、多くの福祉給付に所得・資産調査が伴っており、公的扶助を利用することでのスティグマは大きな問題となっていないとする。さらに、これらの国では公的扶助とその他の社会保障制度の境界線が曖昧であり、さらに規模や利用人数からみると、公的扶助が特別なものでなくなり、日常的で「普遍的」な性格をもっているという[11]。このため働いて収入を得られる者がそのまま扶助にとどまろうとする「貧困の罠」が問題視され、就労インセンティ

---

10 星貴子（2017）「低所得者に対する就労インセンティブ強化に向けた課題」『Japan Research Institute review』2017年11月号 , 20-53頁.
11 埋橋孝文（2011）『福祉政策の国際動向と日本の選択──ポスト「三つの世界論」』法律文化社 , 97頁.

ブの欠如という「福祉依存者」対策が政策課題として取り上げられている
と指摘している[12]。

　それに対して、日本では「失業保険の給付期間が国際的にみて非常に短
く、長期失業者には原則として生活保護が適用されないから、かれらを対
象とした労働インセンティブを高める政策はそれほど問題になりえない」
と指摘する[13]。また、日本の場合「シングルマザーに端的に現れているが、
一般的に稼働年齢層の就労率は欧米に比べて高い」「このことはワーク
フェアが機能する余地を狭めており、貧困ではあるが生活保護の適用から
漏れているワーキングプア問題が、日本ではむしろ重要な政策課題として
浮上することを示している」と指摘する[14]。つまり埋橋は、「就労インセン
ティブを強調する自立論」による「福祉依存者」解消という課題よりも生
活保護の適用から漏れているワーキングプア問題や日本の低い捕捉率とい
う問題の解消につながる主張を行っている[15]。

　同じように後藤玲子は、生活保護制度における母子加算削減の根拠とさ
れてきた「就労インセンティブ問題」を批判する。後藤は最初に「自己利
益への関心を誘引する装置に頼ることなく、また、罰則付きの法的義務を
課すこともなく、個々人が、『可能なら、働き、資産を提供』することを
支える論理はないものか」という問題意識を提示する[16]。

　そしてアマルティア・センの「潜在能力」アプローチの視点から生活保
護利用による「健康的で文化的な生活」を、「ディーセント（常識的な）
な衣食の充足」「社会活動・将来設計」として捉える。後藤は「生活保護
を受けていない低所得母子家庭世帯の消費水準それ自身が十分ではない」
ことを前提としながらも、「生活保護受給母子世帯と低所得母子世帯を比
べると、確かに前者のほうが消費水準は高いが、社会活動や将来設計の達

---

12 同上 , 89-90 頁.
13 同上 , 102 頁.
14 同上 , 103 頁.
15 同上 , 102-103 頁.
16 後藤玲子 (2008)「正義と公共的相互性──公的扶助の根拠」アマルティア・セン／
　後藤玲子『福祉と正義』東京大学出版会 , 138-139 頁.

成可能性は後者のほうが高い」という理由から母子加算の必要性を説いている[17]。

　さらに、個々人が原理を制定し遵守するためには「手続き上の公正性」に加えて「手続き上の相互性」が必要だというジョン・ロールズによる「相互性」(reciprocity) の主張に着目する。つまり、「高い給付が働く意欲を減退させる」という、いわゆる就労インセンティブ問題と呼ばれる問題に対して、権利と倫理義務という「公共的相互性」の確立が必要だと指摘する。これは、個人が「可能なら、働き、提供する権利」を持ち、その一方で社会には「様々な個人が働くことのできる実質的機会など——労働市場のみならずコミュニティ・ワーク、ケア、職業訓練などとそれを支える所得補助など——を提供する義務がある」との指摘である[18]。そして後藤は日本の公的扶助改革で大事なことは、費用を節約することでもなく、受給者の数を減らすことでもなく、人々が様々な行いや在りようを通して価値を生み出すことができる、評価システムを構築することではないかと問題提起している。さらに、倫理・経済・法が協同で取り組まなければならない一つの大事な仕事は、市場の論理や倫理に頼らないで、多様な価値を評価するための確かな論理と方法を創出することではないだろうかと語っている。

(3) 福祉依存者が少ない日本で就労インセンティブは効果があるのか

　このような先行研究の指摘からアメリカやイギリスと日本との公的扶助利用者の違いや、それに伴う自立論の課題がみえてくる。つまりアメリカやイギリスなどの国が一時的な失業やリストラ、あるいは単純な就労阻害要因を抱えた者を包摂してきたのに対して、日本ではそういった人々を排除してきた。それを裏づけるように、日本における最低生活費未満世帯に占める生活保護利用世帯、いわゆる捕捉率は 15.3 〜 18.0%（最低生活費未満世帯かつ貯金 1 カ月未満世帯に占める生活保護利用世帯では 32.0 〜

---

17 同上 , 145-146 頁.
18 同上 , 153-158 頁.

47.1%）と著しく低い。これに対してアメリカでは子どもの家族を対象と
する TANF の捕捉率が 40.4%、低所得者を対象とした「補助的栄養プロ
グラム（フードスタンプ）」（SNAP）が 59.1%、65 歳以上あるいは視力障
がいなどの障がい者に支給される補足的保障所得（Supplemental Security
Income：SSI）が 67.7%（いずれも 2005 年の世帯ベース）であり、イギリ
スではひとり親・障がい者 78.0 〜 90.0%、高齢者 62.0 〜 73.0%、求職
者 47.0 〜 59.0%（いずれも 2008 年度ベース）である[19]。このように稼働
年齢層を排除してきた日本の生活保護制度において、働けるにもかかわら
ず、働かないという「福祉依存者」数は大きな位置を占めていない。さら
に、「福祉依存者」の典型とされる生活保護不正受給は、2015 年度の被
保護世帯 162 万 1356（1 カ月平均）のうち 4 万 3938 件で、最も多い場
合でも 2.7%の発生率である。このうち主に稼働年齢層が不正受給に関わ
る「稼働収入の無申告」が 2 万 245 件、「稼働収入の過小申告」が 5637
件で計 2 万 5882 件と不正受給の 58.9%をしめている。このことを考え
ると 2.7%のうちの 58.9%、つまり 1.6%が稼働年齢層による不正受給と
考えられる[20]。さらにこの数値には、たびたび監査指摘などにおける不正
受給認定の厳格さが問題視される高校生や中学生などによる意図的ではな
いアルバイト収入の未申告なども含まれている。

　このような先行研究などの分析から、「就労インセンティブを強調する
自立論」は、日本の生活保護制度に緊急に導入しなければならないものだ
とは考えにくい。

---

19 生活保護問題対策全国会議監修（2011）『生活保護「改革」ここが焦点だ！』あけび
　　書房，101-107 頁.
20 社会保障審議会（生活困窮者自立支援及び生活保護部会）（2017）「生活保護制度の現
　　状について」第 1 回「生活困窮者自立支援及び生活保護部会」会議資料 4　https://
　　www.mhlw.go.jp/file/05-Shingikai-12601000-Seisakutoukatsukan-
　　Sanjikanshitsu_Shakaihoshoutantou/0000164401.pdf（2021.1.28 確認）

3．「就労インセンティブを強調する自立論」が導入された経緯

　それでは、なぜ「効果的でない」とされる「就労インセンティブを強調する自立論」があえて導入されたのかを説明したい。そのためには、「就労インセンティブを強調する自立論」が導入された経緯をみておかなければならない。

　「就労インセンティブを強調する自立論」は、二つの財政抑制を目的とした政策提言によって生まれている。一つは、2011年に当時の国と地方の間で開かれた「生活保護制度に関する国と地方の協議」である。もう一つは2012年に政権交代を目指した自民党のマニフェストである。

(1)　生活保護にかかる負担が増す地方都市からの政策提言

　一つ目の政策提言は2011年、「生活保護制度に関する国と地方の協議」において指定都市市長会から出された「社会保障制度全般のあり方を含めた生活保護制度の抜本的改革の提案」（以下、「抜本的改革提案」）である。この「抜本的改革提案」は、「生活保護の増加は国・地方の財政を大きく圧迫し、いまや全国的課題であり、制度の矛盾から様々な問題が生じている」という危機感のもと、「それらの解決には、生活保護制度を抜本的に改革し、同時に雇用・労働施策や、年金制度をはじめとする社会保障制度全般の再構築が必要だ」と主張している。そして、生活困窮者をボーダーライン層、就労可能層、高齢者という3つの対象者に分け、それぞれ雇用労働施策、集中的かつ強力な就労支援、生活保護と生活保障制度という支援策の見直しを提言している。

　この「抜本的改革提案」を主導してきたのは大阪市である。第4章で詳細を述べるように、大阪市ではリーマンショック以降、生活保護受給者が増加の一途をたどってきた。このため2009年9月、市長をトップとする全庁横断体制「生活保護行政特別調査プロジェクトチーム」（以下、「PT」）を設置した。PTにおける検証を通じて、現行制度で実行可能な不正受給対策や就労支援といった「適正化」政策を考え実行した。その内容

は実質、徹底した求職活動、水際作戦、有期保護制度である。これらの政策導入には生活保護費の国庫負担が引き下げられ、生活保護にかかる地方の負担が増加していることも背景にあった。

(2) 政権交代による公約実現

　二つ目の政策提言は、当時野党であった自民党の選挙公約である。2012年末の衆議院選挙においては、自民党が「生活保護制度の見直し」を選挙公約に掲げて政権奪取に成功した[21]。この公約内容は、最後のセーフティネットとしての生活保護の機能は維持しつつも「不正受給者への厳格な対処」「高齢者も含め、就労困難者と就労可能者について別途の仕組みの検討」「『手当より仕事』を基本にした自立・就労促進、生活保護費（給付水準の原則1割カット）・医療扶助の適正化、自治体における現金給付と現物給付の選択実施など抜本的な見直し」を行うというものであった。この選挙公約の前の2012年4月頃には、人気お笑いタレントたちの母親が生活保護を受けていたのは黒に限りなく近いグレーな不正受給だとして、一部の自民党の国会議員が雑誌、民放テレビなどを通じて激しい「生活保護バッシング」を繰り広げた[22]。

　しかし不正受給は昔から一定数あり、先述のようにその割合も少なく、2012年当時に急激に高くなったわけではない。それにもかかわらず、不正受給が生活保護制度の主な問題であるかのように取り上げたのは、選挙前の保護利用者の多くがあたかも不正受給者であるという印象操作のためだと考えられる。そもそも自民党政権時代に正規の手続きを踏んで生活保護を開始した人たちを、人気タレントの親であるという理由でいかにも不正受給を行っているように国会議員が攻撃することは不適切である。どこから、どのような情報を得て、不正受給者だと主張するのか、その根拠は明らかではない。単に政治利用されたとしか言えないだろう。

---

21 自民党（2012）「日本を取り戻す　重点政策2012」https://www.jimin.jp/election/results/sen_shu46/political_promise/bank/e_009.html（2019.7.7確認）
22 片山さつき（2012）『正直者にやる気をなくさせる!?　福祉依存のインモラル』オークラ出版.

こうして政権交代後の 2013 年には、公約実行のもと生活困窮者自立支援法の制定、生活保護基準の引き下げなど、不正受給対策とともに厳しい就労指導を重点に置く「就労インセンティブを強調する自立論」が導入された。

　当時の自民党と民主党の政策に着目すれば、自民党政権は伝統的な自立論を提起し、家族のサポートなど自助を重視していた。それに対して民主党政権では包括的かつ伴走型の支援体制を構築しようとしていた 。具体的に言えば、生活困窮者を対象とした「寄添い型・伴走型支援」であるパーソナル・サポート・サービスを行っていた。このパーソナル・サポート・サービスは、特定の制度の範囲のみの支援や他の機関に回付して終わる支援ではなく、あくまでも当事者が必要とする支援策を制度横断的にコーディネートする仕組みであった[23]。

　しかし、自民党が再び政権の座に就いたことでパーソナル・サポート・サービスは、「生活支援戦略」から「生活困窮者支援」へと政策転換が図られ、保護利用者を対象から外し生活保護制度の手前の困窮者を支援する生活困窮者自立支援法へと見直されていった。また、保護利用者への支援については、「就労インセンティブを強調する自立論」として提起された。

　このようにみていくと、「就労インセンティブを強調する自立論」はもっぱら生活保護費負担増大に対処するために編み出された地方からの提案と政権交代による公約実現として生み出された経緯がある。つまり先行研究で多くの識者が示しているように、日本の生活保護制度には「就労インセンティブを強調する自立論」はなじまない。財政削減のためには、本腰を入れて稼働年齢層が抱える課題を分析し、その人にふさわしい支援を実施することが必要なのではないだろうか。

---

23 内閣府（2010）「パーソナル・サポート・サービスについて」セーフティ・ネットワーク実現チーム第 3 回会合参考資料 https://www.kantei.go.jp/jp/singi/kinkyukoyou/suisinteam/SNdai5/sankou1.pdf（2021.1.23 確認）

おわりに

　現代における生活保護制度の自立論の課題として、生活保護基準引き下げと同時に導入された「切れ目のない就労・自立支援とインセンティブの強化」という制度の概要とその課題を説明した。そして「就労インセンティブを強化した自立論」は、先行研究から稼働年齢層をそもそも包摂していない日本の保護利用者に当てはまるものではないという結論を得た。

　そして、「切れ目のない就労・自立支援とインセンティブの強化」という制度の根底には伝統的自立論がある。つまり、これは増大する生活保護費の軽減をめざす地方からの提言と政権交代への公約が背景にある。保護利用者は「福祉依存者であり、不正受給者である」と印象づけられた。その結果、国民の生活に対する不満の矛先は、彼らに向けられていると指摘した。

　このため第3章では、生活保護自立支援プログラムである就労支援事業への参加者を対象として調査を実施し、どのような支援が必要なのかを検討する。

第3章

就労支援事業参加者を対象とした実態調査
──就労意欲と就労阻害要因に着目して

はじめに

　第2章では「就労インセンティブを強調する自立論」が、「本人の意向を尊重しつつ」とはしながらも就労自立のみを強調し、早急に保護からの退出を求めるものであることを示した。そして、それが生活保護費の抑制を目的とした第四次「適正化」政策の主要な施策となっていることを説明した。同時に、日本の生活保護制度では、就労インセンティブが長期的な生活保護利用の解決とはならないことを先行研究から指摘している。

　それでは、日本の生活保護制度で必要とされる自立論とは何なのだろうか。本章では、生活保護現場実践の中から生まれた就労支援の課題を示す研究を紹介し、日本の生活保護制度で必要とされる自立論を実態調査から明らかにしていきたい。

1. 現場実践に基づく先行研究からみる就労支援の課題

ケースワーカーたちがあげる就労阻害要因

　まず、杉村宏の研究は、ケースワーカーへの聞き取り調査から母子世帯の就労阻害要因に着目している。就労阻害要因とは、就労「自立」を阻む要因となるもので、「生活保護世帯に対する『自立』支援は、自立阻害要因を個別に見つけ出し、それを取り除くこと」と考えられている[1]。杉村は、ケースワーカーたちに聞き取り調査を行った結果、母子世帯における就労阻害要因に「仕事上の同僚・上司との関係」や「近隣や親族とも良好な関係」を維持する社会的スキルの不足をあげたと語っている。杉村は就労を阻んでいる問題が、単に収入を得られる仕事に就くことや働きながら育児を行うことの難しさという母子家庭に共通する要因だけでなく、「社会的なスキル」の不足もあることを指摘している。

　例えば、生活保護を利用する母子世帯の母親の多くは、中学・高校卒業後、数年の職業経験で結婚し、20代前半までに出産して子育て期間に入り、その間に夫婦関係と経済生活の破綻を経験し、生活保護受給に至っている。このような母親は就労を通して獲得できる能力や規律、家事や育児、フォーマル・インフォーマルな人間関係の構築といった「社会的スキル」をもっていないことが多い。そういった人々がどのようにして「社会的なスキル」を獲得していくのかが課題となっていると報告している[2]。

落層過程に着目し、失ったものに踏ん切りをつけ新たな希望を生み出す生活意欲の大切さ

　次に大友信勝は、母子世帯調査から、母子家庭が生活困窮から、家庭崩壊、生活崩壊を経て生活保護利用に至るまでの落層過程を分析し、その特徴を「生活困窮そのものと配偶者の暴力、借金、アルコール依存などのそ

---

1 杉村宏（2003）「貧困家族の自立支援とケースワーカー」青木紀編『現代日本の「見えない」貧困——生活保護受給母子世帯の現実』明石書店.
2 同上, 202-205頁.

表3.1：生活保護利用を対象とした就労支援についての現場実践から生まれた研究

	杉村　宏	大友信勝
就労支援 への課題	就労することの難しさは、雇用情勢の厳しさとは別に「家事・育児」といった「社会的なスキル」の不足にある。	生活困窮を生み出す具体的な内容を明らかにすることが大切だ。そして、問題解決に向けた援助過程で「生活意欲を引き出し、新たな生活設計を生み出す」ことが必要である。

筆者作成

の他の要因が離別要因を複合的につくりだし、悪循環過程に入り、生活保護と結びつくことが多い」と複合化した問題の存在を指摘している。そして、このような母子世帯の自立支援課題には、個々のケースを深く理解して問題の形成要因と本人の「受け止め方」をみていくことが、問題解決の方向性を見いだすために必要だという。

　問題解決に向けた援助においては「生活意欲」を引き出し、新たな生活設計を生み出すことが大切だという。つまり、配偶者との離別、死別後の具体的に生活困窮に至る経緯に着目する。そして、精神面や親子関係などで良い影響が生まれるように社会資源の活用や近隣との関係づくりなど社会とのつながりを生み出すような働きかけが必要だと指摘している[3]。つまり、生活困窮した落層過程に着目し、社会との関係をつくり生活意欲を引き出し、こんな自分になりたい、こんな風に生きたいといった希望、人生設計を生み出すことが必要だと主張している。

2．就労阻害要因と就労意欲という課題の提起

　両氏の研究は、保護利用者の「社会的なスキル」の獲得、落層の過程で生活意欲を喪失していった状況を改善するため「生活意欲を引き出し、新たな生活設計を生み出すこと」の必要性を指摘している。そこで就労支援を考える際、「社会的なスキル」の不足に代表される就労阻害要因、「生活

3　大友信勝（2000）『公的扶助の展開──公的扶助研究運動と生活保護行政の歩み』旬報社 , 389-394 頁.

意欲を引き出し、新たな生活設計を生み出す」という就労意欲に着目した。

　このため保護利用者を対象とした就労支援事業実態調査（量的調査と質的調査）により就労阻害要因と生活意欲に着目し、就労支援に必要な支援方法を明らかにしようとした。調査方法は、複数の技法を用いて多様なデータを収集し、研究対象に対して様々な角度から光をあててその姿を浮き彫りにするため、量的分析と質的分析を組み合わせるトライアンギュレーション（方法論的複眼）手法を用いた。

　このような問題意識のもと、2007年に地方都市A市の福祉事務所の協力を得て生活保護受給者等就労支援事業（以下、「就労支援事業」）の利用者を調査した。

　本研究は生活保護自立支援プログラムが導入された時期の調査である。つまり、保護利用者のうち稼働年齢層を中心として全国的に一斉に就労支援を実施した時期である。このため就労インセンティブを強調する就労支援が進む現在とは異なる状況もある。

　しかし、調査実施過程において保護利用者の就労阻害要因や労働意欲に働きかけ、生活目標を考え、生活計画を立てていくことの必要性を見いだ

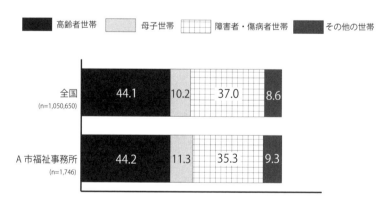

図 3.1：国と A 市福祉事務所における世帯類型比較表

出所：2008年度国立社会保障・人口問題研究所『『生活保護』に関する公的統計データ一覧」を参考にして筆者作成

表3.2：2006年度国とA市福祉事務所における生活保護受給世帯における就労割合

		高齢者世帯	母子世帯	障害者・傷病者世帯	その他の世帯	全　体
全国	世帯数	470,090	86,770	401,420	92,370	1,050,650
	就労世帯数	12,870	42,690	34,480	39,130	129,170
	就労割合	2.7%	49.2%	8.6%	42.4%	12.3%
A市福祉事務所	世帯数	772	197	615	162	1,746
	就労世帯数	22	100	57	75	254
	就労割合	2.8%	50.8%	9.3%	46.3%	14.5%

出所：2008年度国立会保障・人口問題研究所「『生活保護』に関する公的統計データ一覧」第7表（2009年7
月29日更新）を参考に筆者作成

すことができた。このため、本調査での既存資料の収集や検討で得られた
知見は、改めて研究課題の設定や研究方法の設定に活かしていくことがで
きると考えている。A市福祉事務所を就労支援事業実態調査の対象とした
のは、当該福祉事務所が全国においても標準的な自立支援に取り組んでい
るためである。標準的であると判断した理由は、次の三点においてA市
福祉事務所と全国において類似性が認められるためである。

　第一点目は、図3.1に示すとおり、A市福祉事務所が管轄する保護受給
者の世帯類型別構成比が、全国のそれと近似していることである。生活保
護制度では、保護受給者の世帯類型として、高齢者世帯、母子世帯、障害
者・傷病者世帯、その他の世帯に分けることができる。国とA市福祉事
務所は、世帯数が高齢者世帯、障害者・傷病者世帯、母子世帯、その他の
世帯の順に多くなっており、それぞれの割合も近似している。

　第二点目は、表3.2に示すとおり、保護受給世帯における就労割合の傾
向もまた、全国のそれと類似していることである。全国とA市福祉事務
所は、就労割合が母子世帯、その他の世帯、障害者・傷病者世帯、高齢者
世帯の順に高くなっており、構成比率も近似している。

　第三点目は、表3.3に示すように、生活保護受給中の稼働年齢者数①に
占める就職者合計数⑧の割合が、全国平均と同様の傾向になっていること
である。稼働年齢者である16歳から64歳が占める就職者合計数⑧の割
合は、生活保護制度がどれだけの就労者を受け入れているかという指標に
なる。全国とA市福祉事務所は、稼働年齢者数に占める就職者合計数の

表3.3：生活保護を受給する稼働年齢者で、新規就労または転職等で増収した人数

	全生活保護受給者数	稼働年齢者数①	就労支援事業対象者②	就労支援事業参加者③	就労支援事業による就職者④	就労支援事業以外のプログラムによる就職者⑤	就労自立に関するプログラムによる就職者④＋⑤＝⑥	プログラムに参加しなかった就職者⑦	就職者合計⑥＋⑦＝⑧
全国	1,513,892	650,530	9,466 (1.5%)	8,968 (1.4%)	3,878 (0.6%)	9,870 (1.5%)	13,748 (2.1%)	30,288 (4.7%)	44,036 (6.8%)
A市福祉事務所	2,007	1,173	120 (10.2%)	113 (9.6%)	47 (4.0%)	0 (0%)	47 (4.0%)	30 (2.6%)	77 (6.6%)

出所：2007年度厚生労働省社会・援護局主催の全国福祉事務所長会議資料を参考に筆者作成
　　（期間：2006年4月～12月）

割合⑧が全就職者の6.5％超を占めるという点で近似している。

　また、稼働年齢者層に占める就労支援事業対象者の割合②は、全国では1.5％、A市福祉事務所では10.2％と大きな違いがあるものの、就労事業対象者が就労事業に参加する割合（③／②）は全国もA市も94％である。就労事業参加者が就職する割合（④／②）も全国では41％、A市福祉事務所では39％と近似している。

　以上のことを理由としてA市福祉事務所が全国的において標準的な実施主体であると判断した。この結果、本調査から得た知見は全国的な普遍性が期待できるとの判断から就労支援事業実態調査の対象としてA市福祉事務所を選定している。

　このような判断をもとに、A市福祉事務所の保護利用者を対象とし、表

表3.4：就労支援事業実態調査実施方法

	量的調査	質的調査
収集先	ケースワーカー	就労支援事業参加者
実施時期	2007年1～2月	2009年1～10月
対象数	151	151
取得数	151	32
採用数	151	8
収集方法	アンケート	インタビュー

筆者作成

3.4のとおり量的分析と質的分析を行う混合研究法による調査を実施した。調査対象者は就労支援参加者151名であり、ケースワーカーが作成した個人票をベースに量的分析を行った。そして、就労支援事業参加者の中から典型的事例と考えられる32名へのインタビューを行った。その調査結果から、保護利用者への所得保障と就労支援を活用した支援の方策について検討した。

　なお、この調査と分析にあたっては、個人が特定されないよう氏名を使用せず、ランダムに番号をつけるなど、プライバシー保護に配慮している。

表3.5：ケースワーカーの評価項目と定義

項目名		定義
就労達成		新しく仕事に就く、あるいは従来の仕事で増収したこと
就労意欲		就労支援事業参加者の求職活動や増収活動に対する取り組みへの姿勢
就労阻害要因		傷病・妊娠、身体障がい・知的障がい・ひきこもり、育児・介護など働くことを妨げる原因
個人属性	男女	男性、女性
	年齢（2区分）	年齢が30代から60代の人を中高年齢者層とし、10代から20代の人は若年層
	その他の世帯	高齢者世帯、母子世帯、障害者・傷病者世帯を除く世帯
	世帯主	世帯の家計の中心をなすと考えられる者
	就労中	就労支援事業を利用するときに、すでに就労をしている人
	学歴（2区分）	高校を卒業しているか、いないか
	元ホームレス生活者	ホームレス生活を経験している人
	夜間高校生	夜間高校に通っている人
就労支援	プログラム参加辞退	就労支援事業を利用して求職活動を行うと意志表示したにもかかわらず参加をとり辞める
	再支援	就労支援事業に参加した後、中断、そして再度の就労支援事業に参加
	プログラム参加期間	就労支援事業へ参加したこと
	複数回の相談	ケースワーカーが求職活動についての複数回の話し合いの場をもったこと

筆者作成

表 3.6：就労達成に対する就労意欲と就労阻害要因との相関関係
（φ係数、n=151）

	変 数 名	就労達成	就労意欲	就労阻害要因
キー概念	就労達成		0.33***	-0.15*
	就労意欲	0.33***		-0.03
	就労阻害要因	-0.15*	-0.03	

*** 1% 水準で有意（両側），*10% 水準で有意（両側）
筆者作成

支援事業参加者を対象とした個人票調査

　最初に、就労支援事業参加者 151 名を対象とした個人票調査を実施した。この個人票は、ケースワーカーが参加者の就労達成、就労意欲、就労阻害要因、就労支援の取り組み経緯、個人属性について記載している。なお、ケースワーカーが評価し、記載した項目とその定義は表 3.5 のとおりである。

　まず、就労達成に対する就労意欲と就労阻害要因との相関関係（φ係数）をみたところ、表 3.6 のとおり就労達成と就労意欲との間には比較的高い関係性があった。この結果については、就労支援事業参加者が働くことができたという就労達成の状況をもとに、ケースワーカーが就労意欲の有無を判断したと考えられる。

表 3.7：就労阻害要因、就労意欲、就労達成のパス解析（標準化多変量回帰分析）

	変数名	尺　度	有効数	就労達成	就労意欲	就労阻害要因
個人属性	男女	名義	151	0.19**	-0.08	0.13
	年齢（2 区分）	名義	151	-0.031	0.17**	0.19**
	学歴（2 区分）	名義	151	0.24***	0.22***	-0.085
	世帯主	名義	151	-0.112	0.059	0.30***
	その他の世帯	名義	151	-0.098	-0.036	-0.27***
	元ホームレス生活者	名義	151	-0.097	0.018	-0.18**
	夜間高校生	名義	151	-0.024	-0.003	-0.23***
	就労中	名義	151	0.153	0.22***	-0.068
就労支援	プログラム参加辞退	名義	151	-0.22***	-0.34***	0.026
	再支援	名義	151	0.11	-0.20**	-0.127
	プログラム参加期間	名義	148	0.28***	0.40***	-0.081
	複数回の相談	名義	151	0.23***	0.30***	-0.123

*** 1% 水準で有意（両側），**5% 水準で有意（両側）
筆者作成

また、就労達成と就労阻害要因との間にはかろうじて関係性があることが認められた。そして、就労意欲と就労阻害要因との間は、無視できるほどのものだった。これは、就労支援事業に参加する者も含めてケースワーカーや就労支援員、ハローワーク職員など関係者たちが就労阻害要因はあるものの働くことに支障をきたさないと判断し、就労支援事業に参加を決めたという経緯があるため就労達成と就労阻害要因との関係性はあまり認められないとの判断がされていると考えられる。

　次に、標準化多変量回帰分析を実施した結果、就労達成、就労意欲、就労阻害要因、就労支援、個人属性の各項目には、表3.7のような関係性があるという結果がでた。

　つまり、就労達成に対して個人の属性においては男女、学歴が、就労支援においては参加辞退、プログラム参加期間、相談という変数が関係性を持つ。就労意欲には、個人の属性においては年齢、学歴、就労中が、就労

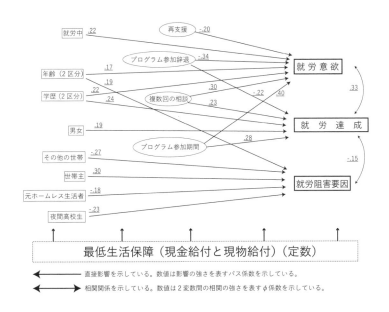

図 3.2：パス解析（標準化多変量回帰分析）による就労達成モデルの因果図式
筆者作成

支援においては参加辞退、再支援、プログラム参加、相談が関係性を持つ。なお、就労阻害要因については、個人の属性においては年齢、世帯主、その他の世帯、元ホームレス、夜間高校生が関係性を持ち、就労支援においては関係性を持つ変数がない。このような関係性を因果図式に表せば、図3.2としてあらわすことができる。

　なお、就労支援事業参加者151名のうち就労達成者47名の平均月収と平均プログラム期間については散布図を図3.3に示した。就労達成者の平均月収は5万6209円であったが、この金額はA市における1人世帯の最低生活基準額よりも少ない。従って、就労支援事業を利用して安定した収入を得る人はごく一部の人たちでしかないことを示している。また、生活保護受給者のうち就労支援事業に参加して得た収入は、極めて低い。つまり就労達成できる人は限定されており、さらにその中でも安定した収入

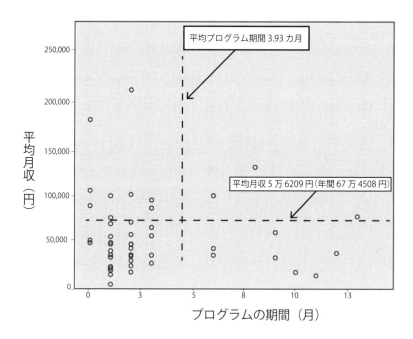

図3.3：就労達成者の平均月収とプログラム参加期間

筆者作成

表3.8：就労への課題についての典型事例（変数マトリックス）

類型	事例	就労達成	就労意欲	就労阻害要因	個人属性					就労支援		
					年齢（2区分）	その他の世帯	世帯主	就労中	学歴（2区分）	プログラム参加辞退	再支援	複数回の相談
第1類型	事例1	無	低い	無	若年層（28歳）	該当	非該当	無	該当（大学中退）	有	無	有
	事例2			有	中高年齢者層（50歳）	該当	該当	無	非該当（高校中退）	無	無	有
第2類型	事例3		高い	無	中高年齢者層（60歳）	該当	該当	有	該当	無	無	有
	事例4			有	中高年齢者層（55歳）	非該当（障害世帯）	該当	有	該当	無	無	有
第3類型	事例5	有	低い	無	若年層（28歳）	該当	該当	無	非該当（職業訓練校卒）	無	無	有
	事例6			有	中高年齢者層（53歳）	該当	該当	無	非該当（中学卒業）	無	無	有
第4類型	事例7		高い	無	中高年齢者層（44歳）	非該当（母子世帯）	該当	無	非該当（中学卒業）	無	有	有
	事例8			有	若年層（27歳）	該当	非該当	無	該当（夜間高校卒）	無	無	無

筆者作成

を得られるのは極めて少数であるという結果が出た。生活保護申請という入口の段階で極めて稼働能力の低い者だけが保護適用されている実態からも、この結果は妥当なものであると判断できる。

　これら量的研究の対象となった就労支援事業参加者が就職を成功させる就労達成、就労意欲、就労阻害要因、就労支援、個人属性と最低生活保障がどのように関係するのか、詳細について明らかにしてくために半構造化インタビューを実施した。対象者は、就労支援事業参加者151名であり、随時、了解を得ることができた者からインタビューを開始した。インタビューでは、最低生活保障と就労達成、就労意欲、就労阻害要因、就労支援、個人属性とともに、生活保護を利用するに至った経過（落層過程）、

社会的スキル、生活保護制度における就労支援事業での経験という関係性を聞き取った。

　そして、インタビューを開始して 32 名に達した時点で、最低生活保障、就労達成、就労意欲、就労阻害要因、社会的スキルの関係性などに一定の類型化、すなわち理論的飽和状態ができていると判断した。このため就労支援事業への参加者自身が語る最低生活費、就労達成、就労意欲、就労阻害要因との関係性について表 3.8 のとおり第 1 類型から第 4 類型を事例1 から事例 8 として示した。第 1 類型として「自信や希望を喪失した状態なのに、すぐに働くことを求められる人たち」、第 2 類型として「就労意欲があるのに労働市場に参加できない人たち」、第 3 類型として「自らの意思に反して就労を迫られる人たち」、第 4 類型として「制度の最低生活保障を活用して働く条件を整える人たち」である。また、事例 1 から事例 8 までは、次のとおりの概要である。なお、年齢は調査当時のものである。

(1) 第 1 類型：自信や希望を喪失した状態なのに、すぐに働くことを求められる人たち

　事例 1 および事例 2 は、就労を達成しておらず、ケースワーカーが「就労意欲が低い」と評価した就労支援事業参加者を対象としている。事例 1 の 20 代の男性は、特に大きな就労阻害要因を持たない。事例 2 の 50 代の男性は、糖尿病により入院経験が数回あるという就労阻害要因を持つ。ケースワーカーから働くことに支障がないと評価されているものの、両者ともに働くことに積極性がみられない。この人たちが生きてきた経緯をみてみると理由がわかる。

事例 1　仕事での辛い経験で自信を失った若者
　　　Ａさん：28 歳男性（就労達成：無・就労意欲：低い・就労阻害要因：無）
　Ａさんは両親と同居している。障がいや疾病といった就労阻害要因を持たないにもかかわらず、就労意欲が感じられないとケースワーカーは評価

する。ケースワーカーとの話し合いの結果、就労支援事業へ参加する意思表示をしたが、実際は参加していない。

○生活保護利用までの落層過程

Ａさんは20歳の時、消費者金融（サラ金）の返済で苦しんでいた両親を助けて働くために、推薦で入学した大学を中退している。ただ、「大学の勉強にはついていけなかった」と話す。

大学中退後は、駅前の写真印刷などの取次店で、接客の仕事に従事。仕事ぶりは、たいへん真面目だったが、つり銭や商品の渡し間違いなどのミスを繰り返した。ミスが重なり、店長や同僚に迷惑をかけてしまう。何度注意されてもミスを直せない自分に対して嫌悪感を抱き、次第に自信を失っていった。ついには自殺を決心して、夜行バスで東京へ向かった。「もう僕、無理って、こんだけミスしたらあかんわーって」「自暴自棄」「人殺すまでにはいかなかったけど、死んだほうがマシ違うって……」と当時の追い詰められた精神状態を振り返る。

自殺未遂の前に東京の秋葉原で趣味のキャラクターグッズをみて歩いた。キャラクターグッズをみている時間は「何もかも忘れて、夢中になれた」という。その後、死に場所を探して東京の街を歩くが、死にきれないまま自宅にもどる。そして、無断欠勤した職場に出向き、迷惑をかけた社長に謝りに行った。結局仕事は辞めることになるのだが、「社長さんは言葉きつかったけど、いい人やった」「やさしい言葉もありがたかった」「友達とか、家族が助けてくれた」と語っている。

Ａさんの一家が生活保護を受給するきっかけとなったのは、世帯主であるＡさんの父親が病院に入院したことだった。当初、福祉事務所の生活保護ケースワーカーは、Ａさんが身体的にも能力的にも働けると判断し、世帯全体への生活保護適用に難色を示していた。その後、関係者の尽力もあり、Ａさんが早急に仕事に就くという約束で、生活保護を受けることができた。

○生活保護利用者が置かれている状況

Aさんは、ケースワーカーからの指示に従い、就労支援事業への参加を承諾したものの、自身の働く能力に自信を失っており、積極的に取り組めないでいた。生活保護の停止・廃止も検討されている状況で、Aさん自身「働かなければだめだ」と考えてはいるのだが、生活保護を受けずに生活する自信がない。現在の状況を「はずかしい話、後がない状態だ」と認めているが、「とろい、へこたれる、ふくれる、むくれる」と自己否定を繰り返し、自らを責めるばかりである。

事例2　自らの能力に限界を感じている中年男性
Bさん：50歳男性（就労達成：無・就労意欲：低い・就労阻害要因：有）

単身生活を送っている男性Bさん。糖尿病という就労阻害要因を抱えている。就労プログラムに参加はしているが、ケースワーカーは「就労に意欲的に取り組んでいない」と評価する。

○生活保護利用までの落層過程

Bさんは、高校入学後まもなく、学校生活になじめず中退している。故郷を離れて福岡で自動車整備工として働くが、父親が倒れて実家に戻り、その後、大工職人として30年間働いた。離婚した妻との間に息子がいて、息子を引き取ったものの、家を空けておくことの多い仕事の関係上、息子は養護施設で育てた。父子の関係は良好で、息子は父が面会に来るのをいつも楽しみに待っていた。

しかし住宅着工数の減少から仕事が減少し、さらに持病の糖尿病が進行して体力の消耗が激しくなり、収入を得ることが難しくなった。次第に公共料金や住宅ローンの返済が滞り、自宅が競売にかけられた。新たな住家を探す必要が生じて市営住宅の募集に申し込んだが、市民税や国民健康保険料を滞納していることを理由に入居を拒否された。何度も生活保護を申請して、福祉事務所にも足を運んだが、「年齢を考えれば、まだ働ける」という理由で生活保護を受けさせてもらえなかった。

そんな苦しい状況に加え、大切に育ててきた長男が窃盗事件を起こして逮捕された。真面目に働いて守ってきた家と家族を次々と喪失していく。しかし、過酷な状況でも親戚、友人、市役所などはBさんに救いの手を差しのべてくれない。Bさんは自暴自棄になり、「自殺する」と隣人に告げて自宅を飛び出した。警察、市民病院のメディカルソーシャルワーカー（MSW）、福祉事務所の職員、民生委員、近隣の人たちの捜索によってBさんは無事発見され、一命を取り留めることができた。その後、生活保護を受給できることになった。

　○生活保護利用者が置かれている状況
　就労支援事業に参加したが、就職活動に意欲的に取り組めない。厳しい就労指導をしても一向に働く気がみられないとケースワーカーの目には映り、保護の停止や廃止も検討されている。
　Bさんは「たとえ働いたとしても大工以外の仕事はできんやろ」「今の時代、20歳代でも、大学出ても路頭に迷っているのに、50歳過ぎの高校中退のおっさん、だれが雇うか」と自らの就職の可能性の低さ、将来に対する希望のなさをはき捨てるように口にする。将来のことを尋ねても、「あきらめたんや、中途半端な生き方はしとうない。ずっと、生活保護受けるしかないやろ」と言い捨てる。

第1類型（事例1と事例2）からみえてくる課題
　AさんとBさんは長期の貧困状態にある。就労支援プログラムに参加すること、すぐに働くことを促しても、自信や意欲を喪失して動けない状況である。
　ケースワーカーからは厳しい就労指導が行われ、保護の停止や廃止が検討された。インタビューにおいては、両者とも自らの働く能力に自信がもてず、「生活保護を受け続けて生活していきたい」と訴えている。
　二つの事例から感じられるのは、人との付き合い方が不器用といった社会的スキルの不足である。また、あきらめや捨て鉢などの気持ちも強く、

就労意欲という以前に、生活意欲が感じられないという共通点もある。

　事例1のAさんが弱々しい言葉で、事例2のBさんが少々乱暴な言葉で、と表現方法は異なるものの、語られるのは一様に働くこと、生活保護を受けずに生活することへの不安であった。彼らは生活保護受給に至るまでの間に健康、財産、仕事、家族、社会との結びつきなど、多くのものを失ってきた。そこで福祉事務所に救いを求めたが、「年齢的に働ける」と相手にもしてくれない。生きる希望も失いかけて、ようやく生活保護を受けることができるようになるが、息つく暇もなく「一刻も早く働き、自らの力で生活すること」を求められる。そして、次第に働こうとしない怠け者、社会のお荷物、というレッテルを貼られていると感じるようになってしまう。働くことへの自信もなく、働けると考えていないにもかかわらず、頑張って仕事をみつけるとケースワーカーに約束せざるを得なくなる。しかし、本音のところでは自らの能力に対して自信を失い、将来こうしたいという希望もなく、生活保護を打ち切られることに対して不安を感じている。

　こういった人たちに早急に就労支援プログラムへの参加や働くことを要請しても効果は出ない。まずは、心身のケアを行い、生活意欲を回復させてから、保護利用者がどのような問題に悩み、どのような生活を送りたいのか、しっかりとしたアセスメントを行うことが必要である。働くよう促す前に将来や今の自分について考える時間と場所、話し相手が必要なのではないだろうか。「自信を喪失した状態から脱すること、社会につながること」の条件整備が必要だと考えられる。

(2) 第2類型：就労意欲があるのに労働市場に参加できない人たち

　事例3と事例4は、「就労意欲がある」と評価されているものの、就職できない人たちの事例である。両者ともに、年齢では中高年齢者層の後半（50～60代）で、働くことへの意欲をもっている。しかし、なかなか仕事に就くことができない。両者にどんな課題を見いだすことができるのだろうか。

事例3　就職と失職を繰り返す中高年齢者層の男性

　　　Cさん：60歳男性（就労達成：無・就労意欲：高い・就労阻害要因：無）

　Cさんは40代の妻、中学生の長女と暮らしている。家族に苦労をかけたくないと、一刻も早く生活保護から脱却したいと考えている。

○生活保護利用までの落層過程

　Cさんは、様々な職に就くが定着しない。妻子を抱えて生活保護から抜け出せない状態が続いている。ハローワークの職業訓練に応募し、マンション管理士の資格を取得している。以前は派遣社員としてマンション管理に従事したが、派遣契約を打ち切られ失職した。その後清掃、工場の組み立てなどの職を得たものの、腰痛、足の怪我、雇い止めなどで失職を繰り返した。何度も就職先を見つけて働くが、すぐに退職することになってしまう。

　Cさんは、「資格をとったものの給料も期待していたほど高くないし、仕事もあるわけではなかったわ」「今のご時世、若い人でも大変やのに、中高年ではなかなかよい仕事は見つからんわ」と話す。

○生活保護利用者が置かれている状況

　就労と失職を繰り返すCさんに対し、ケースワーカーは「早急に働いてください」「仕事を選り好みする余裕はありません」と働くように催促している。Cさんは、ケースワーカーの決まりごとのような言葉にプレッシャーを覚え、怒りの感情さえわいてくるという。しかし、安定した就労を続けられない状態には常に焦りを感じている。どのようにCさんが求めることと他の人たちが求めるものを一致させていくのかという社会的スキルが必要となっている。

事例4　稼働能力が衰えても就労にこだわる男性（55歳男性：Dさん）

　　　Dさん：55歳男性（就労達成：無・就労意欲：高い・就労阻害要因：有）

　Dさんは、離婚を経験し、数十年単身で生活している。（調査時の）4年

前に脳梗塞で倒れた。幸いにも大きな麻痺は残らなかったが、軽い後遺症により動作が緩慢である。

○生活保護利用までの落層過程

Dさんはスーパーマーケットで、ショッピングカートとバスケットを整理するアルバイトをしていた。しかし、次第に勤務時間を減らされ、とうとう上司から「もう仕事は無理や」と退職勧告を受けた。本人にとっては、なぜ解雇されるのか、理由がわからない。思い当たることは「動作が緩慢になっているし、物忘れが激しいことなのかなあ」という。失職後、新しい仕事を見つけることができず、友人の助けを借りて生活保護を利用することになった。

○生活保護利用者が置かれている状況

ハローワークの相談員や福祉事務所のケースワーカーは、Dさんの不自由な身体を考慮してか、「そんなに焦る必要はない、ゆっくり探せばよい」と諭すようだ。しかし、Dさんは「まだまだ働ける能力は十分にある」「若いのに働かないと恥ずかしい」と納得できていない。焦るDさんは、自らの能力の低下を認めたくないのか、ハローワークの担当者や福祉事務所のケースワーカーが「忙しくて何もしてくれない」「仕事に就けない理由を教えてくれない」「親身に相談にのってくれない」と不満を言っていた。

第2類型（事例3と事例4）からみえてくる課題

事例3と事例4は働きたいという希望を持ちながらも、加齢や疾病により稼働能力が衰え、就職先が見つからない不安定就労者の事例である。一時的には働けるのだが、すぐに仕事を失い、働く場が見つからないことで焦りが生まれ、最後には自暴自棄に陥っている。

満15～64歳未満の者は生活保護制度においては、稼働年齢層に該当し、就労指導の対象として位置付けられている。しかし、50～60代の中高年齢者層にとって、再就職への道は厳しい。何とか仕事は得られたと

しても、結果を求められ、精神的にも体力的にも続かず、すぐに失職することが多い。就労支援事業に参加する人の中には、意欲が高いにもかかわらず働けない、労働市場に参加できない人たちが存在するのである。

　しかし、福祉事務所のケースワーカーは、そのような状況の人たちに対しても「生活保護から早期に脱却するように」という一般就労への画一的な就労支援の姿勢を崩さない。もしくは、Ｄさんのケースのように就労の見込みがないと判断すれば、本人の意欲に関係なく放置とも取れる対応をすることがある。ここに、支援が「就労」しかないことの限界がある。

　このように、就労意欲が高いにもかかわらず、加齢や疾病などの要因で安定した就労ができない人たちには、自分が「まだまだできる」という生きがいのために働く場が必要ではないだろうか。ボランティア、インターンシップ、福祉就労、一般就労で働きながら、足りない分を生活保護に頼るという半福祉・半就労など、支援は多種多様であっていい。このような働き方が社会的スキルの不足をカバーする一つの方法になるだろう。「働きたい」という意欲をくみとり、働く場の創設や働くことで得られる生きがいづくりなど「社会とつながる手段として働くこと」を支える自立論が必要となるだろう。

（3）第3類型：自らの意思に反して就労を迫られる人たち

　事例5、事例6は、ともに家族をもっている人たちの事例である。現在、働いているものの、「まだ働く余力があるのに働こうとしない＝就労意欲がない」とケースワーカーから評価され、厳しい就労指導を受けている人たちである。彼らにはどのような事情があるのだろうか。

事例5　現在の生活スタイルを維持することで精一杯の若い夫婦
Ｅさん：28歳男性（就労達成：有・就労意欲：低い・就労阻害要因：無）

　Ｅさんは、28歳で身体は頑丈そうにみえる。そのため、ケースワーカーはフルタイムで働こうとしないＥさんのことを「就労意欲がない」と評価している。Ｅさんの妻は4人目の子どもを妊娠中で、外では働いていな

い。家の中は掃除がされておらず、部屋が散らかり放題である。3人の子どもたちは普段入浴しておらず、小学校や保育園を休みがちである。長女は、小学校に入学してから発達の遅れがあることが判明し、特別支援学級で勉強している。保育園に通う次女や長男も言葉の遅れがある。児童相談所や保健センターは、子どもたちがネグレクト（育児放棄）状態にあると判断し、夫婦に育児を優先するようにと指示している。

○生活保護利用までの落層過程

Eさんは両親が離婚したのが原因で、幼少時から児童養護施設での生活を経験している。中学卒業と同時に、仕事を手伝うため父親と同居生活をしていたが、親子関係が上手くいかず、施設に戻っている。

軽度の知的障がいを持つEさんの妻は、アルコール依存症の父親と2人で暮らし、中学卒業後は食堂の皿洗いをして家計を助けてきた。EさんとはSNSを通じて知り合い、同棲を始めて子どもを身ごもった。

Eさんは携帯電話ショップのスタッフ、レストランの店員、ホストクラブのスタッフなど転職を繰り返し、不安定な生活の末に体調を崩して入院することになった。医療費が支払えず、入院先の医療相談室から福祉事務所に連絡が入り、生活保護を受けることになった。

○生活保護利用者が置かれている状況

Eさんの妻が退院して間もなく、ケースワーカーからの指示で就労支援事業に参加した。ハローワークを通じて警備会社に勤務できたものの、フルタイム勤務ではなく、給与は月額10万円に届かない。働いてはいるものの生活保護からは脱却できない状態が続いている。

ケースワーカーは、子どもたちが学校や保育園を休みがちなことなどをみて、夫婦の生活態度について「仕事も子育ても中途半端」「真剣さを感じることができない」と考えている。そして「子どもの世話を放棄せず、生活保護を受けずに働くこと」を指示している。Eさんは、「子どもたちの面倒はみている。『学校なんか行かない』と駄々をこねて行かんだけや」

と説明する。「よう頑張って、やっと15万円」「生活保護をやめたらたちまち困る」と現状での仕事と家事の両立で精一杯であり、「増収をはかり、生活保護を受けないで生活することなんて無理」と主張する。

事例6　障がいを持つ子どもたちに向き合う時間を大切にしたい父親
Fさん：53歳男性（就労達成：有・就労意欲：低い・就労阻害要因：有）

　Fさん一家は、自閉症の子ども2人を抱える父子家庭である。妻（子どもの母親）は多額のカードローンを残して失踪した。仕事と家事の両立という忙しい生活の中で、子どもが学校で「イジメ」にあっていることが分かった。

　○生活保護利用までの落層過程
　「長女も長男も小学校に入ってからひどいイジメにあい、言葉もあまり出ないうつ状態になってしまいました」と、Fさんは辛い体験を語りだした。そこでFさんは、精神的に不安定な子どもたちと向き合う時間を大切にしようと決断し、長年勤めた仕事を辞めることにした。子どもについて相談していた福祉事務所の家庭児童相談員が、Fさんの苦しい生活を見かねて生活保護の申請を勧めた。しかし、生活保護の面接相談員は「保護は生活に困窮する者が、その利用し得る資産、能力その他あらゆるものを、その最低限度の生活の維持のために活用することを要件として行われる」という「補足性の原則」を持ち出して、保護申請を受け入れなかった。結果として、家庭児童相談員の熱心な後押しと、Fさんの「生き方」に理解を示した査察指導員の協力により生活保護を受けることができるようになった。

　○生活保護利用者が置かれている状況
　保護開始後すぐに、ケースワーカーからは「しっかりと働いて早急に生活保護から脱却すること」という指導を受けた。障がい児を抱えながら働ける職場はなかなか見つからず、やっとハローワークで見つけた仕事は、

病院の送迎バスのパートタイムの運転手だった。

　ケースワーカーは、Ｆさんの給与額が少ないため増収指導を行った。しかし、Ｆさんは「一番に子どものことをみてやらないとだめなんです。言葉も出ない。排泄も自分でできない。すぐに萎縮してキューっとなってしまう」と子どもたちと向き合う時間を優先して「生きる」ことを考えている。

　Ｆさんは、生活保護を受けながら生活していることについて「自分も引け目を感じています。生活保護から卒業したいとは思っています」と話す。「自分は、長い時間働いてきましたが、働いたら働いただけ収入が得られますか」「子どもとの生活を優先して働く自分の生き方に理解を示して雇ってくれる。そんな会社がありますか」と自分に求められる目標の高さに疑問を投げかける。生活保護制度で最低生活が保障されていることに感謝しながらも、自らの「生き方」を福祉事務所が理解してくれないことに落胆している。

第 3 類型（事例 5 と事例 6）からみえてくる課題

　事例 5 では、複雑な家庭環境で育った夫婦が、日々の生活で手一杯である事例をみてきた。Ｅさんは仕事と家事の両立で子どもたちの面倒をみられない状態だが、それが彼らの育ってきた「当たり前」の環境でもある。事例 6 では、子どもとの時間を大切にするために「現在の仕事量で精一杯だ」とＦさんは考えている。共通する希望は知的障がい者などの家族を抱え、少なくとも現在は自分たちが考える生活スタイルで生活保護を利用しながら暮らすことだ。しかし、余力がある限り、働いて収入を得て、できるだけ早く保護から脱却することが必要だと考えるケースワーカーから彼らの努力は評価されず、増収指導を受けている。これらの事例は保護利用者が求める生き方とケースワーカーが求める就労指導に隔たりが生じている一例である。保護利用者の生い立ちまでさかのぼって話を聞いた上で、これからの生活についての思いや希望を聞き取り、社会的つながりを構築するサポートが必要だと考えられる。

　ケースワーカーは保健師、教師、保育士といった専門職に加え、当事者

組織や困窮者を支援する組織、友人などと連携して、生活保護利用者が様々なサポートやアドバイスを受けて、自らや家族の生き方を選択できるような環境を作ることが必要ではないだろうか。たとえ最低生活保障ギリギリでも家族や子ども、そして自らがどのように生きたいのか、将来どのように生きていくのかを考えることが重要である。生活保護制度を利用しながら「働くだけではない、異なる生き方を選択する」という多様な自立のあり方が、ここでは検討される必要がある。

(4) 第4類型：制度の最低生活保障を活かして働く条件を整える人たち

　事例7と事例8はDVや病気、失業などを経験して長く働けない期間があったケースである。しかし、生活保護を受けながら苦しい時期を乗り越え、「もう一度、社会につながろう」「家族を楽にしてやりたい」という思いが強くなり、働くことやもう一度頑張ることへの意欲がわいてきたという事例である。現在もなお、生活保護を受けながら仲間や家族からの支援を受けて働いており、前向きに働く気持ちを持つことができるようになったという。そのきっかけは何だったのだろうか。

事例7　仲間に支えられ働けるようになった女性
　　　Gさん：44歳女性（就労達成：有・就労意欲：高い・就労阻害要因：無）

　Gさんは10年前に夫の暴力から逃げるために、遠くの町から2人の子どもを連れてA市に引っ越してきた。見知らぬ土地での生活で、彼女を支えたのは、当事者組織の仲間だった。

　○生活保護利用までの落層過程

　Gさんは、夫からの暴力の恐怖でうつ病に悩まされてきた。また障がいを持つ子ども2人を抱え、働こうとはしたのだが難しかった。恥ずかしかったけれど、生活保護に頼って生きるしかなかったという。

　生活保護を受けるようになって、食品加工の仕事に従事した。しかし、人間関係の問題からうつの症状が悪化し、仕事を続けられなくなった。それ以

降、体調が良くなれば働き、悪くなっては辞めるということを繰り返した。このような状態をみるにみかねた友人がシングルマザーの会を紹介した。担当するケースワーカーも、シングルマザーの会に理解を示してくれた。

　○生活保護利用者が置かれている状況

　シングルマザーの会ではケースワーカーや相談員、医師や保健師を加えて、定期的にＧさんに関する情報交換の場を持つことにした。ケースワーカーは話し合いの状況を福祉事務所内で共有し、Ｇさんへは就労指導を行わず、まずは友人との楽しい会話の時間を持つことやボランティア活動への参加などを勧めた。

　しばらく治療と育児に専念し、働かない期間が続いたＧさんだが、子どもたちの独立を機に、「もう一度社会との関係を持ちたい」という思いが芽生えてきた。就労支援事業に参加するなかで、同じような境遇のもとで頑張ってきた人たちとの出会いにも刺激を受けた。生活保護から抜け出そうと、いろいろな仕事に挑戦した。Ｇさんは、「辛いとき心の支えになってくれた」「愚痴を聞いてくれ、一緒に怒ってくれた、泣いてくれた」と仲間の大切さを話してくれる。今は非正規職員ではあるが、清掃の仕事で働いている。働くことで「社会と関わることができている」「人にあてにされたり、感謝されたりすることが嬉しい」という感情が芽生えたという。将来は、「介護の資格を取って生活保護に頼らずに、もう一度、子どもたちと一緒に安定した生活を送りたい」と夢を語っている。

事例８　福祉事務所や病院の職員のバックアップで働くことに挑戦できた青年
　　　　　Ｈさん：27歳男性（就労達成：有・就労意欲：高い・就労阻害要因：有）

　Ｈさんは、父親との２人暮らし。２年間、仕事をせずに父親の世話になっていた。母親はＨさんが中学生の頃に失踪し、弟も数年前に白血病で亡くなっている。妹は家出したまま帰らず、唯一の家族が父親だった。

○生活保護利用までの落層過程

　Ｈさんは定時制高校に在学しながら、昼間は臨時工として働いていた。高校卒業後は、派遣労働やアルバイトなどで工場の組み立て工として働いていた。だが工場での仕事がなくなるとともに、自宅で過ごす時間が長くなった。「本当のところ正規職員として働きたかったけど、ぼくらでは派遣や非常勤でしか雇ってくれない」「安定した仕事に就きたくて資格取ろうと思ったけど、何を取ったらいいのかもわからない」「工場行ったら同じような仕事の繰り返し。やりがいはないが、どんな仕事したいのかわからん。何もかもが嫌になってしまった」と当時の心境を振り返っている。

　父親もＨさんと同様、派遣労働者として工場に勤務していた。家計は苦しく、国民健康保険料の支払いも滞っていた。その後、Ｈさんは父親がかつて勤めていた会社をリストラされ、わずかな退職金は、購入した自宅マンションのローンの支払いに消えてしまった。Ｈさんは、父親に迷惑をかけていることを心苦しく思いながらも働かなかった。「働く元気がでなかったというのが正直なところだった」と語っている。

　そうしているうちに突然、父親が倒れた。救急車で病院へ運ばれ、脳梗塞と診断された。幸いにも、命には別状なく左半身に軽い麻痺が残る程度ですんだ。しかし、国民健康保険料を支払っておらず、無保険状態となっていた。入院と同時に病院の医療ソーシャルワーカーに相談したところ、病院から福祉事務所の連絡を通して生活保護を受けることができた。

○生活保護利用者が置かれている状況

　Ｈさんは「一人だけの身内だから、助かってよかった」「生活保護に助けられた」と感謝の言葉を口にした。父親の病気が落ち着いて退院したことをきっかけに、Ｈさんは就労支援事業に参加した。就労相談員の励ましを受けて、粘り強く就職活動に取り組んだ。「身体が不自由になった父親を少しでも助けたい」「ちゃんと働いて、多少とも養わんと」「お世話になった方に報いるためにも、少しでも早く就職したい」「どんな仕事でもやってみようと思う」と徐々に前向きな力強い言葉が出るようになってき

た。2年間のブランクがネックになり、なかなか仕事を見つけることはできなかったが、何度も面接を受けるうちに警備員の非正規職員に採用された。給料は少ないが父親も年金を受けられる年齢となり、生活保護を受けずに生活するようになった。

第4類型（事例7と事例8）からみえてくる課題

　事例7と事例8は、当事者組織の仲間あるいは福祉事務所や病院の医療ソーシャルワーカーなどの支援を受け、就労を達成した事例である。ともに、生活保護を受給しながら、周囲のサポートによって心身ともにつらい状況を乗り越え、就労意欲を回復していった。

　若年層の保護利用者は、特段の就労阻害要因を持たないものの、就労意欲がみられないことに特徴がある。中高年齢者層に比べて就労阻害要因の影響がみえる者は少なく「若いのになぜ働かないのか」と厳しい目にさらされる。またヒアリングなしには表れにくい社会的スキルの不足を抱えていることも多い。そのため若年層の保護利用者は、就職した後も、人間関係や仕事の内容で周囲とぶつかり、転職を繰り返すことが少なくない。しかしながら、当事者組織や病院職員など支援機関が良き相談相手になり、生活保護制度へと導き、フォローすることによって生活困難の状態を乗り切る例も多い。例えば、「相手を尊重しながら、自分自身の考えや思いを人に上手に伝えるコミュニケーション方法」などのSST（Social Skills Training）という認知行動療法によるコミュニケーション技術を身につけることも有効になるだろう。

　生活保護制度が持つ最低生活保障という仕組みは、保護利用者にじっくりと将来のことを考える余裕を与え、就労意欲を生み出し、社会的スキルを獲得し安心して「もう一度やり直そう」「社会とつながろう」と立ち上がるまでの期間を支えてくれる。Gさんは「辛いとき心の支えになってくれた」「愚痴を聞いてくれ、一緒に怒ってくれた」と支えてくれた人への感謝を口にする。さらに、「生活保護制度の最低生活保障を活かして働く条件を整えること」も必要な自立への取り組みであろう。

類型	事例	就労達成	就労意欲	就労阻害要因	保護利用者が置かれている状況	就労支援の課題	就労支援から生まれた新しい自立論
第1類型	事例1	無	低い	無	自信や希望を喪失した状態なのに、すぐに働くこと、経済的自立を求められる。	しっかりとしたアセスメントを行い、自信を回復し、生活意欲を持つための支援から始めることが必要である。	自信を回復し、社会とつながることをめざす自立論
	事例2			有			
第2類型	事例3		高い	無	就労意欲があっても労働市場に参加できない。	社会参加のため、自尊感情を失わないため、働く場を提供することが必要である。	社会とつながる手段として働くことを選ぶ自立論
	事例4			有			
第3類型	事例5	有	低い	無	自らの意思に反して就労を迫られる。	将来についてじっくり考える機会、時間、他者との話合いなどが必要である。	働くだけではなく、異なる生き方を選択する自立論
	事例6			有			
第4類型	事例7		高い	無	生活保護制度の最低生活保障を活かして働く条件を整えてきた。	生活保護制度における金銭給付を活用して自らが動きだすまでの期間を支えることが必要である。	制度を活かして働く条件を整える自立論
	事例8			有			

筆者作成

3．現場実践から考える就労支援の課題と新しい自立論の提案

　就労支援事業調査において、先行研究を基礎に生活保護の就労阻害要因と就労意欲に着目して就労支援事業調査結果を分析した。その結果は、表3.9のとおりで、生活保護制度の就労支援参加者は大きく4類型に分類できた。また、それぞれの状況に応じて課題がみえたことで、必要とされる自立論を考えることができた。

第1類型では、稼働能力はあるのだが落層過程で「自信や希望を失い、生活保護に頼らざるをえない」という問題が起こっていた。このため就労支援の課題として早急に就労支援プログラムへの参加や働くことを要請しても効果は出ない。保護利用者がどのような問題に悩み、どのような生活を送りたいのか、しっかりとしたアセスメントと、自信を回復し、将来について考えるための時間と場所、話し相手を作ることの必要性を指摘した。このため「自信を喪失した状態から脱すること、社会につながること」という「自信を回復し、社会とつながることをめざす自立論」が必要ではないだろうか。

　第2類型では、意欲はあるのだが「労働市場に参加できない」という問題が起こっていた。このため就労支援の課題としてこのような人たちのためには、生きがいのために、ボランティア、インターンシップ、福祉就労、能力に応じて働きながら足りない分を生活保護に頼るという半福祉・半就労など、新たな働く場の創設や働くことを支える仕組みをもとに「社会とつながる手段として働くことを選ぶ自立論」が必要ではないだろうか。

　第3類型では、「就労に意義を見いだせていない」という問題が起こっていた。ただし、これはケースワーカー側からみた評価である。就労の意思を聞き取る際は、保護利用者の過去や生い立ち、家族の状況などを把握し、就労支援の課題として保護利用者が現在をどのようにして生きたいのか、生きられるのか、将来はどうしたいのか。そしてケースワーカーや専門家、周囲はどんなサポートができるかを考えることが必要であると指摘し、「働くだけではなく、異なる生き方を選択する自立論」も必要ではないだろうかという問題提起をした。

　第4類型では、保護利用者が生活保護制度の最低生活保障を活用して、働く条件や意欲を整えていくという成功例もみられた。就労支援として、生活保護制度は保護利用者が社会的スキルを獲得し、「もう一度やり直そう」「社会とつながろう」と前向きになるまでの期間を支えてくれることを指摘した。このため、生活保護制度の最低生活保障や福祉サービスなど

「制度を活かして働く条件を整える自立論」も必要である。

　このような就労支援事業に参加している保護利用者が「就労インセンティブを強調する自立論」によって真に就労自立をすることができるだろうか。現在、保護利用者の多くが、短期的な貧困状態に陥っているのではない。長期にわたる貧困状態が続き、生活保護制度にたどり着いた人たちが多いのである。そのような人々は生活保護制度の利用に至るまでに多くのつらい経験を経ており、これを癒し、再び動き出すまでに新たな経験といくらかの時間を要する状態にある。そういった保護利用者に対して、一律に「福祉依存者」を対象として構築されてきた期間を限定する「就労インセンティブを強調する自立論」で就労支援をすることは困難である。

　実際に現場で対象とする保護利用者の多くは長期にわたる貧困状態にある。よって、次のような新しい自立論が必要になっている。

・第1類型の「自信や希望を喪失した状態なのに、すぐに働くことを求められる人たち」に対しては、「自信を回復し、社会とつながることをめざす自立論」
・第2類型の「就労意欲があるのに労働市場に参加できない人たち」に対しては、「社会とつながる手段として働くことを選ぶ自立論」
・第3類型の「自らの意思に反して就労を迫られる人たち」に対しては、「働くだけではなく、異なる生き方を選択する自立論」
・第4類型の「制度の最低生活保障を活かして働く条件を整える」人たちに対しては、「制度を活かして働く条件を整える自立論」

　単に期間を限定し、強引に働かせて稼働年齢層を「排除」しても、根本的な問題が解決しない限り、再び生活保護に戻ってくる。これらの生活保護制度における就労支援から生まれた「新しい自立論」は、最低生活保障という仕組みを活用して就労阻害要因を軽減し、就労意欲を喚起するための長期的視野に立った支援計画と継続的な支援が必要になっている。

おわりに

　本章では、現場実践に根ざした先行研究から保護利用者が働くということ、つまり就労達成が就労阻害要因、就労意欲（生活意欲）と所得保障にどのように関係しているのかを明らかにすることが必要であると考えた。このため就労支援事業参加者を対象とした個人票調査、インタビュー調査から最低生活費の保障が就労意欲や就労阻害要因に、どのような影響があるのかを聞き取り、4類型の就労支援についての課題を提示し、「自信を回復し、社会とつながることをめざす自立論」「社会とつながる手段として働くことを選ぶ自立論」「働くだけではなく、異なる生き方を選択する自立論」「制度を活かして働く条件を整える自立論」という4類型の新しい自立論を確立する必要性を示した。

　続く第4章では、生活保護行政における伝統的自立論を新たな自立論へと変えていく地方自治体の取り組みを紹介したい。そして、新しい自立論への課題を提起したい。

第4章

生活保護行政における伝統的自立論と新たな自立論

はじめに

　第2章では現行の政策と運用状況、先行研究から「就労インセンティブを強調する自立論」はアメリカやイギリスのような稼働年齢層を多く保護する所得保障制度の中で生じる「福祉依存者」を対象としており、そもそも「福祉依存者」の中心となる稼働年齢層が排除されている日本の生活保護制度にはなじまないことを示した。第3章では、日本の保護利用者の就労支援の対象者が「自信や希望を喪失した状態なのにすぐに働くことを求められる人たち」「就労意欲があるのに労働市場に参加できない人たち」「自らの意思に反して就労を迫られる人たち」「制度を活かして働く条件を整える人たち」といった4類型に分けることができるとの結論を得た。その上で、最低生活保障の仕組みを活用しながら、各々の保護利用者に合わせた多様な自立を長期的に支援する新しい自立論の必要性を示した。

　本章では、伝統的自立論に取り組む自治体と、新たな自立論に取り組む現場実践を紹介し、現在の日本の生活保護制度の到達点と課題を捉えていきたい。

1. 伝統的自立論モデルとしての北九州市と大阪市における生活保護行政

　最初に、日本の生活保護行政が進めてきた就労自立などによる保護からの退出を「自立」として伝統的自立論を確立してきたのが北九州市であり、この「適正化」のモデルは「北九州方式」と呼ばれている。そして、2000年代に入り新たに伝統的自立論を展開するのが大阪市であり、このモデルは「大阪方式」と呼ぶことができるだろう。これらの自治体に共通するのは、生活保護行政の「適正化」を掲げて対象者と支給扶助を厳しい手法で限定するという運用を実施していることである。この運用を徹底するために、新たな制度の導入や成果主義に基づく厳しい職員管理、新たな役割を担う職員の配置を行っている。さらに、単に生活保護制度にとどまらず、地域福祉の仕組みや年金、雇用対策などの見直しを図り、生活保護受給者の減少を図ろうとした点も共通している。ここでは、「北九州方式」と「大阪方式」の形成過程について説明したい。

(1) 北九州市生活保護行政における自立論（1968～2007年）

　北九州市生活保護行政における自立論の取り組みは、「北九州方式」と呼ばれ、わが国の生活保護行政における「適正化」のモデルと称されてきた。1960年代における石炭から石油へのエネルギー政策の転換が、北九州市に代表される筑豊地域の経済を疲弊させた。それが要因となり、失業などを理由とする生活困窮者が増加し、生活保護率は急激に上昇した。このような状況の中で、国や厚生省が総力をあげて北九州市における生活保護行政を支援し、保護の抑制を図る取り組みが展開された。

　「北九州方式」は表4.1のとおり、三期にわたる「適正化」の取り組みにより確立されてきた。これらの「適正化」は、保護費の抑制を目的とした行政運用を指し、1968年から始まる管理・指導部門と現業・実施部門の分離を実施した第一期、1979年から始まる職員管理強化を実施した第二期、1993年から始まる行政主導型「地域福祉」整備、「ふれあいネットワーク事業づくり」を実施した第三期に区分できる。これらの手法は

年代	北九州市生活保護行政が進めた自立論の動向
1968 〜 1978 年	管理・指導部門と現業・実施部門の分離を実施した時期
1979 〜 1992 年	職員管理強化を実施した時期
1993 〜 2007 年	行政主導型「地域福祉」により、「ふれあいネットワーク事業づくり」を整備した時期

筆者作成

「北九州方式」と呼ばれ、申請書を渡さない「水際作戦」、保護受給者に辞退書を書かせる「辞退書の強要」（「硫黄島作戦」とも呼ばれる）により、総ケース数の管理を行う行政指導を特徴としている。

管理・指導部門と現業・実施部門の分離を実施した時期（1968 〜 1978 年）

第一期においては、区役所に一つある福祉事務所の中で管理・指導部門と現業・実施部門の分離という職員の役割分担、実施体制の整備が進められた。1967 年には機構改革が行われ、本庁に福祉事務所の指導監査を担当する指導課が新設されている。その初代指導課長には厚生省からの出向者が就任し、国の政策に連動する仕組みができている。そして本庁指導課の方針を徹底する手法として、指導監査、研修会、巡回指導、処遇検討会といった指導手法が導入されている。また、保護廃止の可能性が高いケースには「重点指導ケース取扱手順書」、その他に「手引き」が作成され、ケース別に自立論の方針つまり指導の方針が示されている。さらに「外勤報告書処理要綱」が作成され、ケースワーカーが「訪問計画書」どおりに家庭訪問を計画しない場合は改善するよう「職務命令」が出されるといった職員管理が始まっている。

職員管理強化を実施した時期（1979 〜 1992 年）

1979 年より始まった第二期においては、「ケース数の目標管理」「面接主査制度の導入」「同伴面接の禁止」という、成果主義による職員管理や新たな役割を担う職員の投入、生活困窮者の孤立化が図られている。

まず「ケース数の目標管理」は、成果主義による評価を導入し、職員

間、組織間の競争を促している。各福祉事務所では、現場職員に年間の保護開始数と廃止数の差を自己申告させ、その結果を上位職員が評価する。そして、各部署からの年間の開始数と廃止数について目標値をもとに各福祉事務所長が民生局長へ報告する。秋の中間ヒアリングでは、その進捗状況に応じて目標数値の修正が行われ、補正予算や来年度予算が検討される。目標数値の修正は、若年層などの稼働能力の高い者を「自立重点ケース」として廃止見込件数に入れていくといったものである。最後に、市長及び助役と福祉事務所長の懇談会が実施される。つまり、職位に応じた目標管理が設定され、それぞれの成果に応じて人事考査が行われる仕組みが導入されていたのである。

　また 1982 年から 1983 年にかけて、係長級主査を面接担当として配置する「面接主査制度」が「ケース数の目標管理」を徹底する仕組みとして導入されている。この面接主査制度は「保護の入り口ともいえる面接の段階で、真に生活保護の必要な者とそうでない者を注意深く見極め、整理する」というように生活保護を適用するか否かの大きな役割を担っている。

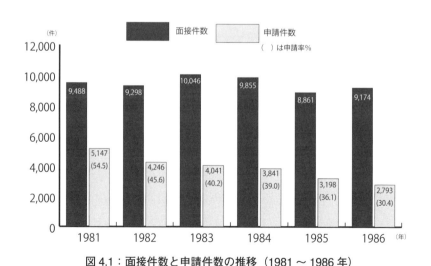

図 4.1：面接件数と申請件数の推移（1981 〜 1986 年）

出所：北九州市保健福祉局社会部保護課・監査指導課（1996）『軌跡——北九州市・生活保護の三十年』81 頁

郵便はがき

101-8796

537

【 受 取 人 】

東京都千代田区外神田6-9-5

株式会社 明石書店 読者通信係 行

‖‖‖‖‖‖‖‖‖‖‖‖‖‖‖‖‖‖‖‖‖‖‖‖‖‖‖‖‖‖‖‖‖

お買い上げ、ありがとうございました。
今後の出版物の参考といたしたく、ご記入、ご投函いただければ幸いに存じます。

りがな		年齢	性別
名前			

住所 〒   -

TEL   (   )   FAX   (   )

メールアドレス	ご職業（または学校名）

＊図書目録のご希望	＊ジャンル別などのご案内（不定期）のご希望	
□ある	□ある：ジャンル（	）
□ない	□ない	

書籍のタイトル

◆本書を何でお知りになりましたか？
　　□新聞・雑誌の広告……掲載紙誌名[
　　□書評・紹介記事……掲載紙誌名[
　　□店頭で　　　□知人のすすめ　　□弊社からの案内　　□弊社ホームページ
　　□ネット書店 [　　　　　　　　　　　] 　□その他[

◆本書についてのご意見・ご感想
　　■定　　価　　　□安い（満足）　　□ほどほど　　□高い（不満）
　　■カバーデザイン　　□良い　　　　　□ふつう　　　□悪い・ふさわしくない
　　■内　　容　　　□良い　　　　　□ふつう　　　□期待はずれ
　　■その他お気づきの点、ご質問、ご感想など、ご自由にお書き下さい。

◆本書をお買い上げの書店
　　[　　　　　　　　　　市・区・町・村　　　　　　書店　　　　　店]
◆今後どのような書籍をお望みですか？
　　今関心をお持ちのテーマ・人・ジャンル、また翻訳希望の本など、何でもお書き下さい。

◆ご購読紙　(1)朝日　(2)読売　(3)毎日　(4)日経　(5)その他[　　　　　　新聞]
◆定期ご購読の雑誌 [　　　　　　　　　　　　　　　　　　　　　　　　]

ご協力ありがとうございました。
ご意見などを弊社ホームページなどでご紹介させていただくことがあります。　□諾　□否

◆ご 注 文 書◆ このハガキで弊社刊行物をご注文いただけます。
　　□ご指定の書店でお受取り……下欄に書店名と所在地域、わかれば電話番号をご記入下さい。
　　□代金引換郵便にてお受取り…送料＋手数料として500円かかります（表記ご住所宛のみ）。

書名		
		円
書名		
		円

ご指定の書店・支店名	書店の所在地域	
		都・道　　　　市・区
		府・県　　　　町・村
	書店の電話番号	（　　　）

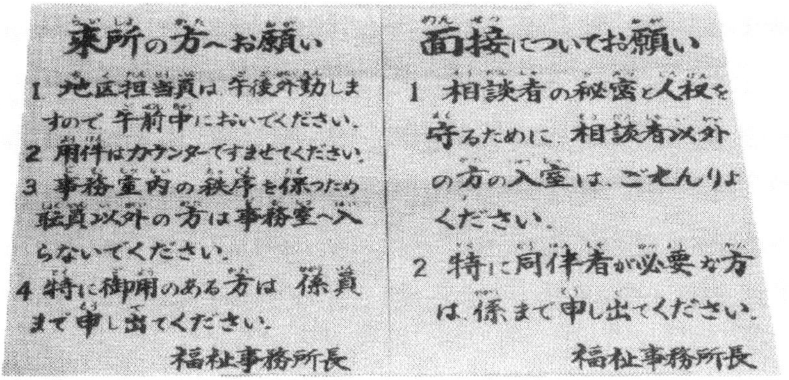

図4.2：事務室内の立入と同伴面接を禁止する張紙

出所：北九州市保健福祉局社会部保護課・監査指導課（1996）『軌跡——北九州市・生活保護の三十年』81 頁.

このため図4.1 に示すように、面接主査制度が導入される前年の 1981 年から 5 年が経過した 1986 年の間で、申請率が 54.5 ％から 30.4 ％と、24.1 ％減少している。これは係長昇任前の主査という職位の職員に対して、数値による「申請をさせない」という成果を競わせる手法である。

　次に、支援者が面接室に入室することを拒み、相談者しか面接を受けられない「同伴面接の禁止」という行政指導を導入している。建前では、暴力団対策などといった理由をあげ、図4.2 のようにたとえ申請者の同意があっても、第三者の同席を拒否する行政指導が確立されている。[1]

　このような「ケース数の目標管理」「面接主査制度の導入」「同伴面接の禁止」という仕組みが導入され、相談者に申請をさせず、入り口のところで追い返す「水際作戦」と呼ばれる保護抑制策がこの時期に確立されている。

---

1 藤藪貴治／尾藤廣喜（2007）『生活保護「ヤミの北九州方式」を糾す』あけび書房 , 98 頁.

行政主導型「地域福祉」により、「ふれあいネットワーク事業づくり」を整備した時期（1993 ～ 2007 年）

　1993 年から始まる第三期においては、行政組織と地域組織との連携により生活困窮者の見守りや支援を行う「ふれあいネットワーク事業づくり」の整備が始まっている。

　北九州市は、1993 年に高齢社会へ向けたまちづくりのマスタープランとして「北九州市高齢社会対策総合計画」（以下、「総合計画」）を作成した。総合計画では、地域社会全体を「地域福祉」の観点から再構築するという。この中で特に強調されているのが北九州市の保健福祉システムにおける「ふれあいネットワーク事業づくり」である。[2] 市全体を図4.3 のとおり、「地域」（小学校区）、「区」（行政区）、「市」の３層に区分し、地域住民をはじめ、自治会、医師会、民間企業、ボランティア、行政が協働して、生活困窮者や高齢者などの支援を必要とする人を地域で支えあうネットワークを整備した。このネットワークにおける支援活動は「ふれあいネットワーク活動」と呼ばれ、北九州市社会福祉協議会が主管する。毎年約20 の地域（小学校区）が市の社会福祉協議会から事業指定を受けている。その活動内容は、50 ～ 100 世帯に１人の割合で委嘱された「福祉協力員」が、一人暮らしの高齢者などを定期訪問し、安否確認を行うとともに、生活上の問題で困っている人がいれば、それをいち早く発見して民生委員等の関係機関に連絡するというものである。2005 年度末時点で、「見守り型」活動を行う福祉協力員数は、総計 6349 人で、154 校（地）区で割ると、1 校（地）区あたり 41.2 人が活動している。

　そして「見守り型」活動から地域住民の地域福祉活動として「ニーズ対応チーム」が組織される。ニーズ対応チームは地域専属のボランティア班として、話し相手、ゴミだし、買い物、薬とり、掃除、布団干しなどの手助けをする。2005 年度末現在、ニーズ対応チームの活動者数は5962 人で、154 校（地）区で割ると、1 校区あたり 38.7 人が活動していること

---

2 1991 年度より全国社会福祉協議会は国庫補助事業「ふれあいのまちづくり事業」を実施し、「小地域ネットワーク事業」の実施を各市町村社会福祉協議会に提起している。

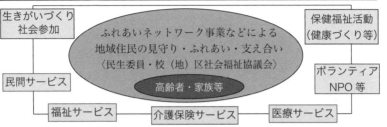

小学校区（一五四校区）レベル

市民福祉センター
《保健福祉・生涯学習・コミュニティ・地域防災等》

生きがいづくり
社会参加

ふれあいネットワーク事業などによる
地域住民の見守り・ふれあい・支え合い
〈民生委員・校（地）区社会福祉協議会〉

高齢者・家族等

保健福祉活動
（健康づくり等）

民間サービス

ボランティア
NPO 等

福祉サービス　　介護保険サービス　　医療サービス

まちづくり協議会〈地域の課題を地域で考え、地域で解決する仕組みづくり〉
校（地）区社協、自治会、婦人会、老人クラブ、食生活改善推進員協議会、
民生委員等

↑ 支援

区（七区）レベル

保健福祉センター
《保健福祉サービス》

在宅介護支援センター

区社会福祉協議会
区ボランティアセンター

保健福祉相談コーナー
総合相談係 介護保険係 生活支援係

区保健・医療・福祉・地域連携推進協議会〈区レベルの仕組みづくり〉
医師会、歯科医師会、薬剤師会、民児協、区社協、自治会、婦人会、老人クラブ、食進協、
社会福祉施設、医療機関、警察署、消防署、中央公民館、民間事業者団体、区役所等

↑ 支援

市レベル

保健福祉局
《総合調整》

市民局、環境局、経済局、
建設局、建設都市局、消
防局、病院局、
教育委員会等

総合保健福祉センター
《専門的・技術的支援》

健康づくり支援
在宅リハビリ支援
地域医療・
地域保健推進等

総合福祉プラザ
《民間活動支援》

市社会福祉協議会
ボランティアセンター
社会福祉研修・情報等

「区保健・医療・福祉・地域連携推進協議会」連絡会議

図 4.3：「北九州方式（三層構造）」による地域福祉

出所：北九州市若松区医師会　区民のページ　「北九州方式」による地域福祉
http://www.mmjp.or.jp/wakamatsu-med/annshin/kitakyuhoushiki.htm （2016.3.12 確認）

になる。このように「北九州方式」では「委嘱」という形態で地域住民が動員される、行政主導型「地域福祉」活動が整備されている。

　このような地域福祉活動を基盤として、2005年10月より「緊急事例の初期対応マニュアル」（以下、「初期対応マニュアル」）が新しく整備されている。新しくなった初期対応マニュアルの特徴は、実態把握後、支援終了後、あるいは継続的に支援を実施する場合など、どのような場合でも「地域福祉のネットワーク《民生委員児童委員、福祉協力員（ふれあいネットワーク）等》」につなげるという点にある。最初に、地域福祉を担当する生活支援課、生活保護を担当する保護課、老人保健・医療と介護保険を担当する保健福祉課が、地域等からの相談・通報窓口になる。対象者は、「本人の生命に差し迫った危険があると想定される場合（衰弱・虐待等）」「近隣住民に対して危害が及ぶ可能性が高い場合（認知症等による失火等）」である。窓口では、相談時の状況を聞き取り（電話・面接）、対応を決定し、保健福祉台帳を作成する。その後、区役所他課や関係機関等からの情報収集とともに、生活支援課保健師と保護課ケースワーカー等のチームが編成され、訪問調査や実態把握が行われる。訪問調査や実態把握の後、関係課が集まりケースカンファレンスが開かれ、継続的支援の必要性を検討し、継続支援を行う課にカンファレンス内容も含めて引き継ぐ。そして、担当する課については、「地域福祉のネットワーク《民生委員児童委員、福祉協力員（ふれあいネットワーク）等》」と連携を図り、継続支援を実施するという仕組みである。地域福祉を担当する生活福祉課がコーディネーターとして初期対応から継続的支援までの調整を担う。初期対応事例の保健福祉台帳は、主として対応した課が記録している。

「北九州方式」がもたらしたもの

　このような行政主導型「地域福祉」活動は、地域住民が積極的に参加した「地域の助け合い」のようにも見える。しかし、「地域の助け合い」では解決できない問題が起こった時、どのような状況が生まれたのだろうか。ここでは、この行政主導型「地域福祉」活動がもたらした悲劇を見て

いきたい。

　北九州市では 2005 年から 2009 年にかけて、明るみになっているだけでも 5 件の生活困窮の末の餓死・孤立死が発生している。その代表例が門司区の餓死事件である。

　2006 年 5 月、北九州市門司区の市営住宅で死後 4 カ月経った 56 歳男性の遺体が発見された。直接の死因は病死（うっ血性心不全）だったが、生活が困窮して極度の栄養不足にあり、実質は餓死だった。男性は身体障害者手帳を持ち、電気、ガス、水道のライフラインが長い間止められていた。前年の 9 月と 12 月に生活保護受給申請のために 2 度同区の福祉事務所を訪問していたが、福祉事務所側は次男、長男に頼るように求めている。市はこれを「申請」として受理せず、「相談」として処理していた。

　この門司区の餓死事件について、前市長である末吉興一氏は 2006 年 6 月 9 日の北九州市議会での質問に「男性には扶養家族がいたので（生活保護の申請を受け付けない）対応は適正だった」「市の対応に何も問題はない。孤独死を防ぐために重要なのは、地域住民の協力体制だ」と答弁している。これに対し、団地の町内会の会長は「孤独死の防止は、私たちに出来るわけがない」と語っている。「ふれあいネットワーク事業」に参加する福祉協力員一人が活動するのは月 1 回、訪問先は 7 〜 8 軒であり、支援の必要な人を見守るには限界がある。餓死事件のあった団地でも、少子高齢化は極端に進んでおり、団地内に小学生は 2 人しかおらず高齢者が多い。同じ頃にも立て続けに 3 件の救急搬送があった。餓死した男性について、町内会長は健康状態がよくないことを知っており、栄養失調で動けなくなったときには福祉事務所に電話で報告したが、福祉事務所の対応は「救急車を呼んで下さい」の一言だけだったという。そのときは救急車で運ばれて入院になったが、医療費を払えないため男性は 3 日で帰された。「やれる事はやってきたのに、餓死事件を住民のせいにした」と、町内会長は末吉市長への不満を語っている。

3 『読売新聞』朝刊（2006 年 6 月 10 日）、『読売新聞』大阪本社版朝刊（同年 10 月 8 日）

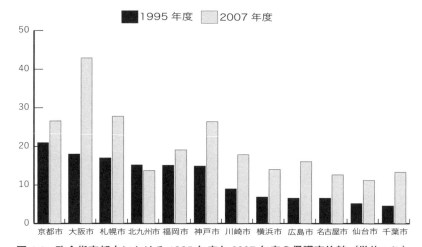

図 4.4：政令指定都市における 1995 年度と 2007 年度の保護率比較（単位：‰）

注：さいたま市、新潟市、静岡市、浜松市及び堺市について、1995 年度は指定都市ではないため除外している。
出所：厚生労働省（2008）「福祉行政報告例」より筆者作成

　市の発表では、門司校区には 73 人の福祉協力員と 245 人のニーズ対応チーム員がいることになっている。しかし、同地区の住民は「協力員の 10 人分は水増しされている。ニーズ対応チーム員は各町内の班長数を書いたにすぎず、実態はない」と語っている[4]。

　このような行政主導型「地域福祉」活動整備は、「水際作戦」や「辞退書の強要」を正当化するために利用されている側面がある。図 4.4 が示すように、1995 年度から 2007 年度にかけて政令指定都市が軒並み保護率を上げたなかで、唯一、保護率を下げたのが北九州市だった。

　このように「北九州方式」は、「水際」での排除を「自立」とみなす生活保護行政における運用を確立してきた。長年にわたり厚生労働省の生活保護政策を忠実に実行し、生活保護行政のモデル地方自治体として評価されてきた。歪められた自立論は、単にある特殊な地方自治体だけによって実施されているということではない。わが国では、地方自治体において、

---

4 湯浅誠（2007）『貧困来襲』山吹書店, 132 頁.

表 4.2：大阪市生活保護行政が進めた自立論の時期区分

年代	大阪市生活保護行政が進めた自立論の動向
2006 ～ 2011 年	社会保障制度の見直しを国へ働きかけた時期
2012 ～ 2018 年	職員管理を徹底し、福祉依存者対策を強化した時期

筆者作成

同じような自立論が展開されていることが少なくない。「北九州方式」は、およそ自立とはいえない自立論をとっており、克服・改善されなければならないモデルである。

(2) 大阪市生活保護行政における自立論（2006 ～ 2018 年）

その後、日本の生活保護行政の伝統的自立論を引き継ぎ、新たな形で牽引しているのが大阪市生活保護行政であり、「大阪方式」と呼ばれている。「大阪方式」による生活保護行政は、保護利用者へ徹底した経済自立を迫るという点では「北九州方式」と共通する。ただし、他制度の創設と、国や他の地方自治体への見直しの働きかけ、職員管理の手法などといった行政運用において、北九州方式とは異なる新たな展開をみせている。

大阪市の生活保護行政は表 4.2 のとおり、二期に分けることができる。第一期は、有期保護制度などの生活保護制度の見直しだけにとどまらず、社会的セーフティネットの見直しを提案した平松邦夫市政下の時期である。第二期は、平松市政期に作られた制度が運用され、さらに職員基本条例による職員の引き締めと生活保護適正化連絡会議などによる厳しい福祉依存者対策が展開された橋下徹、吉村洋文市政下の時期である。

「大阪方式」が「北九州方式」と大きく異なるのは、生活保護制度内での抑制化にとどまらず、新たなセーフティネット対策の構築を提案して、国や他の地方自治体をリードしたことである。ここでは、大阪市が行った生活保護行政と国や地域に働きかけた制度について説明する。

社会保障制度の見直しを国へ働きかけた時期

　大阪市には全国でも有数の労働者の街、釜ヶ崎が存在する。釜ヶ崎は、日雇いで建設業などに従事していた不安定就労層が全国から集まってきている。しかし1990年代初頭、バブル経済が破綻し、経済の地盤沈下が進み、住宅やビルの建設が軒並み減少した。このような経済状況のもと大阪市が政令都市の中で最も多くの保護利用者を抱えるようになった。

　そして2008年にリーマンショックが起こり、さらに大阪市の保護利用者は増加を続けた。このため当時の平松市長が委員長となり「生活保護行政特別調査プロジェクトチーム」(2009)を設置している。市長自らが陣頭指揮をとって保護利用者増へ歯止めをかける対策を検討している。

　大阪市はそれと同時に、生活保護制度だけではなく、社会的セーフティネット全体の見直しを国へ働きかけた。

　この働きかけは、2006年に全国知事会・全国市長会によって設置された「新たなセーフティネット検討会」により提起された「新たなセーフティネットの提案〜『保護する制度』から『再チャレンジする人に手を差し伸べる制度』へ〜」(以下「新たなセーフティネットの提案」)から始まる。大阪市が中心となったこの提案は図4.5のとおり、期間を限定した有期保護制度導入、生活保護の手前で流入を食い止めるためのボーダーライン対策、低所得高齢者が持つ資産活用などの「新たなセーフティネット整備」を提言した。

　平松市長は、リーマンショック後の2010年に、指定都市市長会を代表して長妻厚生労働大臣に、生活保護を含めた貧困・困窮者支援にかかる緊急要請として「社会保障制度全般のあり方を含めた生活保護制度の抜本的改革〜『働くことができる人は働く』社会へ〜」という提言を出している。この提言のベースにあるのは「新たなセーフティネットの提案」であり、内容的には大きな変化は見られない。[5]主な内容としては図4.6のと

---

　5 指定都市市長会（2010）「社会保障制度全般のあり方を含めた生活保護制度の抜本的改革の提案」https://www.city.osaka.lg.jp/fukushi/cmsfiles/contents/0000087/87119/24020718.pdf（2020.9.19確認）

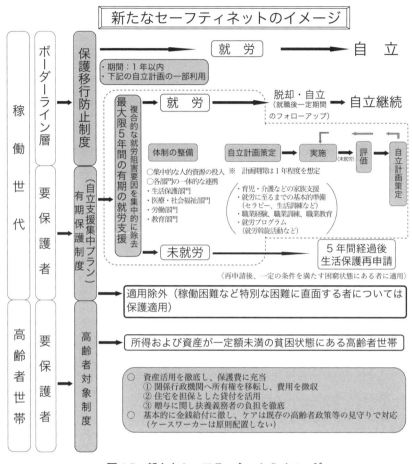

図4.5：新たなセーフティネットのイメージ

出所：大阪市HP「新たなセーフティネット「保護する制度」から「再チャレンジする人に手を差し伸べる制度へ」」（概要版）http://www.city.osaka.lg.jp/fukushi/cmsfiles/contents/0000055/55564/11.pdf（2016.3.13確認）

おり、ボーダーライン層には、生活保護に優先する制度を整備する。また保護利用者においては、稼働世代と高齢者を区別し、稼働世代における稼働可能層には「集中的かつ強力な就労支援」を促し、「就労による自立が困難な人」には生活保護を支給する。さらに、高齢者に対しては年金が生活保護で支給される金額より低いという実態を踏まえ「年金制度と整合す

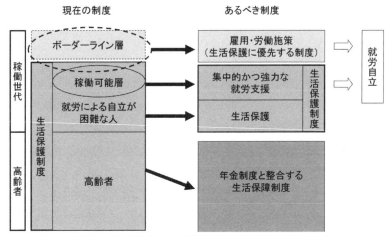

図 4.6：制度の抜本的改革〜「働くことがきる人は働く」社会へ〜

出所：厚生労働省社会・援護局保護課（2011）「第 1 回生活保護制度に関する国と地方の協議」「平松大阪市長提出資料」http://www.mhlw.go.jp/stf/shingi/2r9852000001dmw0-att/2r9852000001do6o.pdf（2015.8.20 確認）

る生活保障制度」を「あるべき制度」として提供するという内容である。

　この指定都市市長会の提言をもとに、2011 年に「生活保護制度に関する国と地方の協議」が 2 回開催され、その後「中間とりまとめ」が報告されている。翌年、社会保障審議会「生活困窮者の生活支援の在り方に関する特別部会」が設置され、「生活困窮者の生活支援の在り方に関する特別部会報告書」(2013) が出されている。いずれも、新たな生活困窮者支援制度の創設と生活保護制度の見直しを一体的に行うという政策課題を提起していた。

　このように全国知事会・全国市長会「新たなセーフティネットの提案」(2006) は、指定都市市長会による「社会保障制度全般のあり方を含めた生活保護制度の抜本的改革〜『働くことができる人は働く』社会へ〜」(2010) を経て、生活困窮者自立支援法、生活保護法改正、年金生活者支援給付金の支給に関する法律として実現した。

職員管理を徹底し、福祉依存者対策を強化した時期

　2011 年 11 月に大阪市長選挙が行われ、平松から橋下へと市長が代わる。平松市政時代に、当時の生活保護制度で運用可能な「適正化」が検討されてきたが、それが橋下市政下に引き継がれ、実施が始まっていった。大阪市が実施する「生活保護の適正執行の確保」は、三つある。「不正受給対策」「医療扶助の適正化対策」そして、「働ける方には働いていただく就労支援対策」である。

　「不正受給対策」では、2011 年 11 月より浪速区と西成区で担当係長・警察 OB・嘱託職員の体制で、不正受給調査専任チームを配置し、翌年から全区に配置している。そこでは主に過少申告、偽装離婚や非居住、預貯金や車などの資産の未申告を調査する。

　生活保護費の約半分を占める「医療扶助の適正化対策」では、指定医療機関のレセプトデータの分析結果を活用する。不適正な診療や診療報酬が疑われると、個別に医療機関に指導する。

　「働ける方には働いていただく就労支援対策」では、稼働能力があるとみなされた保護受給者だけでなく、保護申請者に対して、相談・助言、カウンセリング、ハローワークへの同行などを行う。保護申請時への対応は、生活保護法第 27 条の 2「相談及び助言」を根拠として、「一週間に一度、求職活動状況報告書を提出すること」「熱心に求職活動を行い、継続的かつ自立を目指した仕事につくこと」「一週間にハローワークへ三回以上行き、一社以上の会社の面接を受けること」などを求める「助言指導書」を交付して、積極的な求職活動を求めている。努力が不十分とみなせば、14 日の法定処理期間内での保護の適否についての判断を延期し、最終的には申請却下をするという行政運用を行っている。また保護申請者に対して、履行期限を付けた就労指示が保護開始前の相談段階から出されることがある。これは最低生活基準以下の収入しかない、預貯金がないという困窮状態や危機的状況であっても「求職活動を行わない」あるいは「稼働能力を活用していない」ことを理由に保護申請を却下するというものである。

保護利用者への締めつけとともに、橋下市政下では職員への引き締めが強まり、2012年から始まる「職員基本条例」をもとに、職員組織における競争原理を強化する成果主義が採用された。昇給に加え、指示を履行しない職員に対する懲戒や処分といった厳しい「職員管理」も行われた。これ以後、ケースワーカーたちは研究誌への発表などに多くの制限が加えられている。この時期は、保護利用者を福祉依存者として劣等処遇という行政運用を適用し、それを推進する職員管理を徹底した時期である。

　その後も大阪市の生活保護行政では、新たに「適正化」を掲げた伝統的自立論が強化されている。2012年4月より平松市政下の「生活保護行政特別調査プロジェクトチーム」に代わって「生活保護適正化連絡会議」が設置され、「適正化」を前面に出した生活保護の引き締めが行われる。2013年11月、市職員の親族の保護利用者をはじめとして親、子、兄弟姉妹の勤務先調査を行い、必要に応じて援助をする「生活保護受給者に対

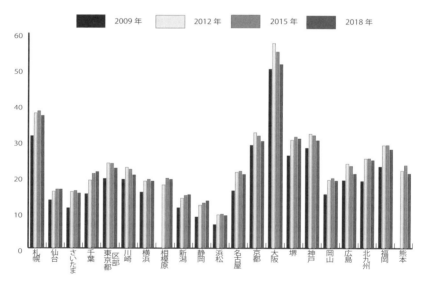

図4.7：政令指定都市や東京都区部の生活保護率の推移（単位：‰）

出所：大阪市 HP「大都市比較統計年表：生活保護法による種類別被保護人員、実世帯数及び実人員」https://www.city.osaka.lg.jp/toshikeikaku/page/0000128684.html （2020.9.19確認）

する仕送り額の『めやす』」なるものを作成している。このため DV（ドメスティック・バイオレンス）の事案によって離婚・別居に至り、保護申請者とは別居以降 35 年間にわたって音信不通であった子どもたちや、別居当時まだ出生していない孫たちに対して扶養照会をするなどの問題が生じている。

　これらの他にも、西成地区を再開発するという特区構想、保護費で食料を購入するためのプリペイドカードを支給するなどの措置をとっている。改正された生活保護法のもとで、2018 年から医療扶助の薬はジェネリック医薬品を処方するのが原則となったが、それに先駆けてジェネリック使用を推進したのが大阪市だった。

　このような厳しい職員管理、福祉依存者対策の結果、図 4.7 のとおり他の政令指定都市と比べると 2012 年から 2018 年にかけて大阪市は大きく保護率を下げている。

(3) 生活保護行政における伝統的自立支援が持つ課題

　日本の生活保護行政の伝統的自立論のモデルといえる「北九州方式」「大阪方式」を概観した。共通点としては表 4.3 のとおり、それぞれ申請段階、保護受給中において「適正化」を掲げ、保護利用者数を抑制する措置がとられていることである。さらに、抑制措置を徹底するための人事評価システムが確立されていることである。抑制のための目標が設定され、その成果達成度により昇格が行われ、それに反するものは配置転換や昇格の遅れの対象となる。

　相違点は他の施策や社会的セーフティネットとの関連性である。北九州市においては、保護受給前後における見守りや生活困難の課題を、「ふれあいネットワーク活動」といった行政主導型「地域福祉」活動に生活保護の開始前と廃止後の対象者を見守る役割を整備している。一方、大阪市においては有期保護制度にみられる生活保護制度の見直しやボーダーライン層を対象とした就労支援、低所得高齢者を対象とした新たな所得保障など社会保障の仕組みを国や他の地方自治体に働きかけ変えようとしているこ

表 4.3：「北九州方式」と「大阪方式」との共通点と相違点

	北九州方式	大阪方式	共通点	相違点
申請段階の特徴	面接主査の導入	警察OB嘱託の導入	新たな役割をもった職員配置	大阪市は、外部の職員を再雇用
保護受給段階の特徴	保護辞退書の導入	市職員である扶養義務者に対して援助額の提示	行政運用の徹底による経済的自立への働きかけ	北九州市は、法令に規定なし
職員管理手法	目標管理制度	懲戒と処分	成果主義による競争原理の活用	職員に対する統制手法
生活保護自立支援	「重点指導ケース取扱手順書」「外勤報告書処理要綱」「訪問計画書」	生活保護自立支援プログラム	徹底した経済的自立の追求	大阪方式が生活保護制度以外の見直しを働きかける（有期保護制度、就労インセンティブが働く制度見直し）
生活保護制度以外の見直し	行政主導型「地域福祉」	生活困窮者自立支援法、年金制度の見直し	生活保護制度と他の制度や取り組みとの関係の見直し	大阪市が国の社会保障制度へ、北九州市が地域住民の地域福祉活動へと働きかけた

筆者作成

とである。このように生活困窮者が生活保護へ流入することを防ぐ方策として、これまでのように行政運用の強化、職員体制の整備の他に、行政型主導の地域福祉を活用したのが「北九州方式」であり、社会保障や生活保護制度自体の見直しを提起したのが「大阪方式」だといえる。

　つまり、「北九州方式」や「大阪方式」といった伝統的自立支援は、保護費の抑制を目的とした政策方針を反映し、職員集団を競争原理に基づき組織化しているといえる。大阪市は申請をさせない、保護から退出させるために、意味を持たない扶養義務照会や資産調査などを一律に行う。さらに、身体が元気で働くことができるのに保護に頼ろうとする人を「怠け者」と呼び、恥の意識を持たせ、精神的苦痛を伴うスティグマを与えている。そして、保護から排除するために地域福祉やボーダーライン対策といった関連施策を整備している。「北九州方式」と同様、乗り越えなければならない伝統的自立論の課題を提示している。

2. 現場実践から生まれた江戸川区、山城北、釧路市にみる新しい自立支援

　わが国の生活保護行政における伝統的な自立支援をリードしてきたのが北九州市、大阪市であった。これらの伝統的自立論に抗して、保護利用者それぞれの個別の課題を見据え、その課題にふさわしい自治支援を実施してきた例が東京都江戸川区福祉事務所、京都府山城北保健所福祉室、釧路市社会福祉事務所の取り組みである。これらの自立支援は、生活保護を受けているからこそできる最低生活を保障した上で、当事者の課題に合わせた自立支援を展開している。

(1) 東京都江戸川区で取り組んだ「中3勉強会」という自立支援

家庭訪問の中でみえた貧困の世代間連鎖という課題

　「江戸川中3勉強会」は、1980年代の江戸川区のケースワーカーによる取り組みである。当時の江戸川区は、高校進学率が8割を切っており、とりわけ生活保護世帯の高校進学率が5割と低い地域があった。

　同区のケースワーカーAさんは、保護家庭を訪問する中で多くの中学生が学業不振、不登校、非行などの問題を抱え、高校進学も就職もできないという問題を抱えていることに気づいた。祖父母、父母、子どもというように生活保護が続く貧困の世代間連鎖も多くみられた。何とか子どもには安定した仕事に就いてほしい、高校に進学してほしい、貧困状態から脱してほしいと、保護家庭の親から家庭訪問時に相談されることがあった。Aさんは業務終了後、自分の担当する生活保護世帯の中学3年の子どもたちを福祉事務所の相談室に呼び、高校進学のための学習指導を行った。

個人から地域の取り組みに発展した「江戸川中3勉強会」

　この「江戸川中3勉強会」は、福祉事務所における保護家庭への自立支援への視点を大きく変えていった。1988年度の江戸川区福祉事務所運営

方針には「児童の自立助長への援護」が掲げられ、「中学2〜3年生を対象とした問題のある児童の抽出」「学校の担任との面接等による情報交換」の取り組みが計画されている。また、保護家庭の子どもの状況を捉えるために「春休み、夏休みを利用した児童との面談」や、登校拒否、非行、学業不振などといった「問題児童への取り組み」が行われるようになっている。さらに「訪問回数をふやす」「経験あるワーカーとの同行訪問」「関係機関等の連携をはかる」といった取り組みの強化が図られている。学習支援では1990年から学生スタッフが支援に加わり、翌年からは半期だった取り組みが通年になり、人材や期間において広がりをみせている。

貧困の世代間連鎖を断ち切る「生活力形成」「生活関係形成」

　このような生活保護家庭の子どもたちへの自立支援は、貧困の世代間連鎖を断ち切るために学習の必要性に着目した「生活力形成」、社会との関係に着目した「生活関係形成」といった研究活動に発展していった。ただし、これらの研究は現場実践によって育まれ、検証されていくという特徴をもっていた。このため第1章で詳細に述べたとおり、研究をリードしてきた公的扶助研究全国連絡会が差別的な川柳を機関誌に掲載した「福祉川柳事件」を起こしたことで、現場での研究運動は中断を余儀なくされた。

　江戸川区福祉事務所の「中3勉強会」そのものは2020年現在において、生活保護家庭や片親家庭などの小学生から高校生まで、幅広い対象に向けた学習支援事業として定着している。名もなきケースワーカーの活動から端を発した江戸川区の「中3勉強会」の活動は30年を超え、全国の自治体に、生活保護自立支援プログラムとして広がっている。

(2) 京都府山城北保健所福祉室の長期的視点に立った自立支援

　京都府山城北保健所福祉室（以下、「山城北保健所福祉室」）は、近年、都市化が進んできた京都府南部地域の久御山町、井手町、宇治田原町といった地域を対象としている。自立支援プログラムが導入される2年前の2003年から国の補助金（生活保護適正化対策特別事業補助金、国庫10/10。

2005年度からセーフティネット支援対策等補助金、国庫10/10）を使用して「就労支援促進事業」に取り組んでいる。

　山城北保健所福祉室の自立支援の特徴は、生活保護制度がもっている「最低生活を保障する」という機能を十分に活かしながら、保護利用者に寄り添い、個別のニーズを探って支援を行うことで、自立の条件を整えるという点にある。

　山城北保健所福祉室では、保護利用世帯が2002年から2年連続して60世帯ずつ増加し、260世帯となっていた。当時、2名のケースワーカーは多くの保護申請を抱え、保護開始のための事務処理で精一杯で、保護受給者への相談支援には手が回らない状態が続いていた。

個別のニーズに向き合うということ

　しかし行政改革による職員削減の流れを受けて、正規職員の増員はかなわなかった。そこで正規職員の代わりに嘱託職員が補充され、就労支援業務をBさんが担当することになった。Bさんは元営業マンであり、就労への指導あるいは指示よりも顧客である保護利用者のニーズに対応することを大切にした。保護利用者が職業安定所での待ち合わせに来なくても叱責せず、再度約束をするだけである。保護利用者の方も、約束を守らないことが「5回続けば、1回ぐらいは申し訳なく約束を守るようになる」という。このように気長な支援を心がけた裏には、保護利用者の良いパートナーとして「躊躇する気持ち、不安な気持ち、前に一歩踏み出せない気持ちを、ともに乗り越えようとする援助が必要だ」という思いがあった。

　このような、保護利用者の側に立って支援しようとする土壌は、Bさんが配属される前からすでにあった。Bさんの同僚でもあるベテランのケースワーカーCさんは、「面談や同行という寄り添う支援によって、保護利用者の抱える問題とその支援課題が鮮明になる」と「寄り添う支援」の必要性を語っている。就労支援における面談や職業安定所への同行などの寄り添う支援のなかで、対象者の抱えている様々な問題がより深くみえてくる。現場で「何度も面接に行くのだが採用されない」「仕事に就くがすぐ

に辞めてしまう」等の状況を目の当たりにすることで、保護受給者自身の「生活する力や働く力の課題が浮き彫りになり、援助しなければならない内容がはっきりしてくる」と話す。

10年先を見据えた長期的展望を持つということ

　また山城北保健所福祉室の特徴は5年先、10年先を利用者自身が考えられる長期的展望をもった支援にある。保護利用者が「生活保護を受けているからこそ、明日のお金を心配することなく、じっくりと地に足つけて就職活動ができる」のだという。その結果、力がつき、少しでも安定した仕事、やりがいのある仕事を選択できるようになる。つまり、何よりも安定した生活を確保することが大切であり、保護利用者自身が長期的展望に立って考え、自らが意欲をもって生活再建に取り組むことができる。

　ケースワーカーCさんは母子家庭の母親の事例をあげ、「お母さんが明日のお金に困っていては、明日のことしか考えられない。子どものことなどで精神的に追い詰められていれば、自分のことなどに考えがおよばない。生活保護を受けて身体の悪いところを治し、老後や不慮の事故に備えて少しは貯蓄し、講習や資格取得でスキルアップし、子どもにも学習支援によって高校進学や大学進学への基礎学力をつける。そして、疲れたときや悩んだときにいつでも相談できる人をつくる。このように生活保護制度を十二分に活用し、安定した生活を確保することが大切である」と報告している。

最低生活を保障しているからこそできる自立支援

　山城北保健所福祉室は、生活保護制度がもっている最低生活保障という機能と自立支援という機能を連動させ、「寄り添う支援」と「ともに乗り越える支援」で保護受給者の抱える問題とその支援課題を明らかにして、個別に「長期的展望をもった」就労への自立支援を行ってきた。しかし、2008年に就労支援員Bさんが退職し、2009年にベテランのケースワーカーCさんが他の福祉事務所へ異動した。残されたケースワーカーは、

「かつての山城北保健所福祉室のスタイルが維持できなくなってきた」と説明している。異動してきたメンバーは、それぞれにベテランで、自らの生活保護業務へのスタンスをもっている。これまで実施してきた「ともに乗り越える支援」「寄り添う支援」「長期的展望をもった支援」には抵抗があるようだ。他の福祉事務所に異動となったケースワーカー C さんは、「今の職場では山城北保健所福祉室のような取り組みは難しい」と話す。しかしながら異動先でも勉強会を立ち上げ、「ともに乗り越える支援」「寄り添う支援」「長期的展望に立った支援」といった生活保護制度だからこそできる支援の必要性を仲間に訴えている。

　このような山城北保健所福祉室の事例から学べることは、ケースワーカーが異動しても、理念や実践を継続し、発展させる仕組みを作らなければ、自立の取り組みが途絶えるという課題が残っているということである。

(3) 釧路市生活福祉事務所による中間的就労という自立支援

自立支援プログラムとしてスタートした中間的就労の取り組み
　生活保護制度創設後、半世紀あまりが経ち、「利用しやすく自立しやすい制度へ」という改革を謳った 2004 年の「生活保護制度の在り方に関する専門委員会」報告は、生活保護行政の伝統的自立観を見直し、日常生活自立、社会生活自立についても自立支援策を整備するように提言した。その結果、生活保護自立支援プログラムによる取り組みが全国でスタートすることになった。なかでも全国的に注目を浴びたのが、「釧路モデル」と呼ばれる釧路市の取り組みである。

釧路市における労働市場の衰退と上昇する生活保護率
　釧路市は、北海道の東部の太平洋岸に位置する人口 18 万 5487 人の町である。国内有数の水揚量を誇った水産業をはじめ、製紙・パルプ業、炭鉱を基幹産業に持ち、東北海道の中核都市として経済・社会・文化を牽引してきた。しかし 1970 年代から始まる 200 海里規制による漁獲量の激

減、エネルギー政策の転換による炭鉱の閉山、海外からの輸入に押された製紙・パルプ業の出荷額減少といった景気の低迷が釧路市を疲弊させた。釧路市では働いても生活保護基準に届かないワーキングプア問題が深刻化していった。生活保護受給者が増加し、2004年度には保護率は40‰に達した。何度ハローワークに通っても仕事が見つからず、自信を喪失した人、ひきこもりなどの理由で就労経験が乏しい人、未就職の高校中退者など長期間失業状態にいる人への支援が大きな課題となっていた。このような状況の中で生まれたのが、就業体験プログラムとしての中間的就労だった。

社会的自立へと踏み出すための「中間的就労」（半福祉・半就労）

　釧路市の支援の特徴は、一言で言うと中間的就労の支援と居場所づくりである。中間的就労とは表4.4で示すとおり、生活のために給料を受け取り働く「一般就労」でも、障がい者などが仲間づくりや社会へのつながりを求め働くことを主とする「福祉就労」でもない。中間的就労は「一般就労」と「福祉就労」のちょうど真ん中あたりに位置する。一般企業やNPO法人の職場で「一般就労」を目指して働きながら、報酬を得ることはできないが、仲間ができ仕事ができるようになって、人から感謝されたり、怒られたりすることを経験していく。また、中間的就労は一人だけの生活から社会とのつながりを生み出す「福祉就労」の側面を持つ。つまり、社会につながるために生活保護を受けながら、一般就労の場で働くという半福祉・半就労である。この半福祉・半就労の場は自分と同じような境遇の人に出会い、関係性が生まれ、自分を見つめ直し、自信を取り戻す機会を与えてくれる。

　この釧路市の中間的就労の取り組みは、就労支援のモデル事業としての試験的取り組みを含めると2004年度より始まっている。モデル事業策定にあたっては、ワーキンググループ（以下、「WG」）が結成された。WGで市関係者が初案として提示した点検型モデル事業が、保護利用者の事情を知る民間委員から「自尊感情の回復にはつながらない」と厳しく指摘されたこともあって練り直しを迫られ、就労体験型を中心としたモデル事業

表 4.4：中間的就労の位置づけ

	福祉就労	中間的就労	一般就労
対象者	稼働能力を持たない人	稼働能力を持つ人	稼働能力を持つ人
目標とする自立	社会参加 （社会的自立）	社会参加（社会的自立） と就労自立	就労自立
生活を成り立た せる方法	生活保護への依存	就労収入と生活保護と の組み合わせ	就労収入

筆者作成

が生み出されたという経緯がある。市関係者と民間委員が、最初に互いの「自立」の認識の違いを埋めることから、釧路市の取り組みは始まった。

　まち全体を覆いつくす不況の波に立ち向かうために、釧路市生活福祉事務所はこれまでまったく関係をもっていなかった一般企業やNPO法人などに就労支援の協力を求めた。プログラムを実施するにあたり、既存の福祉関係団体や人材派遣業者へ業務委託することも検討したが、予算もなく委託できない事情もあった。釧路市には、大きな企業や研究機関もない。社会資源を幅広く結びつけて活用することに知恵を絞った。WGのメンバーでケースワーカーでもあるDさんを中心として、生活福祉事務所の職員は地域のネットワークづくりに奔走した。企業を訪問し、長期的にひきこもり状態にあった人や働くことに不安を感じている人、働くために技能習得を必要とする人など、いわゆる今すぐ働くことができない人を無給などで働かせてもらえるようにお願いした。また、地元の釧路公立大学も研究や検証活動において大きな役割を果たしている。

自信を失った人が「自尊感情」や「自己肯定感」を取り戻す「居場所」づくり

　特定非営利活動法人「地域生活ネットワークサロン」では、釧路市から委託を受けて2005年から受給者の自立支援に取り組んでいる。自立支援の内容は、中学生を対象とした学習支援や稼働年齢層を対象とした就労支援である。ここには、「支援する、されるがない場」という支援者と保護利用者の対等な関係がある。

　釧路市ではなかなか仕事が見つからない。自宅とハローワークを往復する毎日が続き、自分が「社会から必要とされていないのではないか」と自

信を失ってしまう人も少なくない。このような自信を失った人に対して
は、①働くといった課題から物理的にはなれること、②安定した生活基盤
を作ること、③社会との接点をもつこと、という視点に立った支援を行っ
ている。自信を失った場合、まずは仕事、家庭、学校など問題が起こって
いる場所から距離をおく。そして、お金、食べること、住むところという
生活環境を整えていく。最後に人と話して、問題から距離をおいて振り返
ることで現在と過去、他人と自分との違いを見つめ直すことができる。自
信を失った人が「自分らしさを取り戻す」ためには、支援者から命令され
るのではなく、自分らしく考えることのできる環境をつくることが大切だ
という。これが自信を失った人が「自尊感情」や「自己肯定感」を取り戻
すための「支援する、されるがない場」としての「居場所」である。

　このように、「中間的就労」と「居場所」づくりといった取り組みは釧
路市社会福祉事務所による自立支援の特徴であり、伝統的自立論では行え
なかったことである。中間的就労という概念を生んだ釧路市は現在でも、
全国の自治体から視察を受け入れ、WG などで検討を加えながら多種多様
な就労プログラムを生み出している。

(4) 新しい自立支援の到達点と課題

　江戸川区福祉事務所、京都府山城北保健所福祉室、釧路市社会福祉事務
所による現場実践は、表4.5 のとおりにまとめることができる。

　1980 年代、水際作戦に代表される「適正化」を掲げた伝統的自立論が
全国に広がった。その時期に江戸川区福祉事務所は、「江戸川中 3 勉強会」
を行い、貧困の世代間連鎖を断ち切るために取り組んだ。次世代の「生活
力形成」「生活関係形成」といった生きる力、社会の一員として生活する
ための条件整備という個別の課題に着目した自立支援を行った。

　2000 年代に、「在り方専門委員会」報告書により生活保護行政におけ
る自立支援が経済的自立（就労自立支援）だけにとどまらない、日常生活
自立支援や社会生活自立支援を含む多様な自立観として提起された。そし
て生活保護自立支援プログラムが取り組まれる中で、保護費の抑制やス

表4.5：江戸川区福祉事務所、山城北保健所福祉室、釧路市社会福祉事務所の自立論における共通点と相違点

	江戸川区福祉事務所	山城北保健所福祉室	釧路市社会福祉事務所	共通点	相違点
申請段階	―	申請を必ず受ける。水際作戦はしない	申請を抑制しない	極めて熱心な職員集団	江戸川区は、申請段階での取り組みは特にない
保護受給段階	高校進学を目指した江戸川中3勉強会	最低生活保障を伴う10年先を見据えた個別支援	中間的就労、居場所づくり	長期的に個別のニーズに向き合う	着目する課題が異なる
職員の取り組み	ケースワーカーがボランティアで始めた	保護受給者と共に行動することで課題がみえてきた。職員が異動になれば、続けられなかった	職員よりも保護受給者に共感した	個人的努力から始まり、組織的取り組みに発展している	地域住民や嘱託職員から得た新たな視点に基づく活動
新たな担い手	大学生などのボランティア	民間で働いてきた就労支援員	外部検討委員会の設置、就労支援員、NPO法人	ボランティアや嘱託職員、外部職員といった正規職員以外	ケースワーカー以外の担い手
生活保護相談援助	家庭訪問の中でみえてきた	自立支援プログラム 生活保護だからできる自立支援	自立支援プログラム 他に、依頼する資金もなく組織もない	極めて熱心な現場職員が存在した	当時の江戸川区では、自立支援プログラムが実施されていなかった
生活保護制度以外の見直し	保護利用世帯の児童に対する教育活動	―	地域の社会資源の開発（中間的就労）	現行の生活保護制度では解決できない問題への取り組み	江戸川区はボランティアとして、釧路は業務として支援を実施した

筆者作成

ティグマの強調といった従来の伝統的自立論に相対して新たな自立支援が実践されていった。

　その例として京都府山城北保健所福祉室では、早期の就労自立を目標とする伝統的な自立支援を見直し、個別のニーズに向き合うということ、10年先を見据えた長期的展望を持つということなど、最低生活を保障しているからこそできる自立支援の有効性を提起している。

　また釧路市社会福祉事務所では、生活保護を受けながらも社会に参加する、いわゆる半福祉・半就労を具体化した「中間的就労」、自信を失った人が「自尊感情」や「自己肯定感」を取り戻す「居場所」づくりという取

り組みの重要性が提起されている。

　これまでの生活保護における相談援助業務は、一人のケースワーカーによって経済給付業務とともに担われてきた。このため経済給付業務に手間取られ、相談援助業務については後回しになることも少なくなかった。このような問題の改善策として生活保護自立支援業務には就労支援員が雇用され、NPO法人や他機関との連携が図られることにより、組織的な取り組みが実施されるようになってきている。

　ただ、そういった取り組みが就労支援員や業務委託といった、単年度契約などの非正規雇用や下請けの職員によるものとなると、経験の蓄積が難しい。これらの人々には権限や裁量権も与えられないため、パターン化された限定的な取り組みになりやすいという課題があることは否めない。京都府山城北保健所福祉室の現場実践では、ケースワーカーなどの退職や異動によって活動が中断された。

　一方で、江戸川区福祉事務所の「江戸川中3勉強会」は、地域によって意識や取り組みの度合いに差はあれ、生活保護家庭を含めた生活困窮者支援の一つとして、また貧困の世代間連鎖を断ち切る方策として、自立支援プログラムに組み込まれ、全国的な広がりをみせた。「釧路モデル」も全国の自治体や民間組織で取り入れる例がみられる。これらの新しい自立論は、保護受給者への支援を単にケースワーカーだけによる取り組みから就労支援員や関係機関などを巻き込み、組織的なものへと変化させている。あるいは、組織的な取り組み開始にあたって保護者当事者を知る民間人の声を反映させた。

　活動が中断するのか、継続・拡大するのか、その分岐点の一つは、どれだけ地域の人たちと手をつないでいくかということではないだろうか。保護家庭が主体的に自立することをめざす生活保護制度の仕組みのために、有機的に地域を連携させていく道のりは平坦なものではない。その取り組みの陰には、昇格のために上司の顔色を伺うことなく、ただ純粋に、保護利用者の生活再建のために駆け回る名もなきケースワーカーたちが存在した。配置転換にも負けることなく、何度も福祉職場への異動を働きかける

職員もいた。また、ごく当たり前のことを当たり前として生活保護制度に新たな風を吹き込んだ臨時職員、そしてボランティアの人たちの貢献があることを忘れてはならない。

　では、このような現場実践から生まれた新しい自立論が、伝統的自立論を乗り越えて一般的な自立論として受け入れられていくには、どのような障壁があるのだろうか。例として、「釧路モデル」が作り出した中間的就労が、同じ「中間的就労」という名のもと、政策によってその性格を変質させていく過程を検証しながら探っていきたい。

3．新しい自立論としての中間的就労の変遷

(1) 先行研究からみる中間的就労

　最初に、中間的就労について改めて意義と可能性を確認しておきたい。中間的就労とは、生活保護を受けることなく自らが収入を稼ぎ出す一般就労ではない。また障がいや高齢を理由に生活保護を利用しながら、生きがいや社会的自立を目的として、安価な報酬で働く福祉就労でもない。生活保護を受けながら働く、いわゆる「半福祉・半就労」と呼ばれる働き方である。働いても生活保護基準以下の収入しか得られないワーキングプアが、生活保護を受けながら働くことを可能にする働き方である。この働き方は就労自立だけをめざすのではなく、人によっては社会的自立や日常生活の自立をめざしてもよい。このような働き方が生活保護制度に定着すれば、これまで日本の生活保護行政が行政運用で進めてきた稼働年齢層の排除を防ぎ、個人の課題に応じた自立論が展開され、生活保護利用における困窮者と現場職員との軋轢もなくなる。

　釧路モデルによって注目された中間的就労、半福祉・半就労の概念は、生活保護制度だけでなく障がい者やホームレス支援においても議論されていた。

　まず、木村敦（2009）は精神障がい者に対する「就労支援」施策が「『ワークフェア』＝『半福祉・半就労』」のもとに「『半人前の労働者』と

位置づけ」「低賃金・不安定雇用労働者という『景気の調整弁』として労働市場内に位置づけ」られていると指摘する。そして「『半福祉・半就労』ではなく、『最低でも最低賃金』が保障される雇用保障が行われるべきである」としている。その方策の一つとして地域の抱える固有の生活課題の解消を目的として、働く人と市民が出資し民主的に経営し、責任を分かち合って、人と地域に役立つ仕事をおこす労働、「『雇用労働ではない働き方』を制度化しようとする取り組みが模索されるべき」という問題提起がなされている。半福祉・半就労といった福祉給付による不足分の裏打ちではなく、雇用政策の充実を優先すべきであることを指摘している。

　また、中間的就労について経済的自立という視点から「楽観的な評価を与えるべきでない」という評価もある。中囿桐代（2011、2012）は、釧路モデルの参加者への聞き取り調査から「ボランティアに行くと生活保護受給者が元気になる」「明るくなる」という効果に対して、社会的居場所づくりやインターンシップが「就労とは必ずしも結びついていない」ことを指摘している。そして中間的就労の「就労への橋渡しとしての効果は限定的であり、経済自立ができる者は限られている」と経済的自立という視点から否定的な評価を下している。

　このような半福祉・半就労あるいは中間的就労に対する否定的な評価に対して、その機能を高く評価した研究がある。

　岩田正美（2000）は、ホームレス支援の視点から「『労働自立モデル』／『福祉自立モデル』という二元論的類型化は破棄させられて、両者が融合したような『半福祉・半就労』といった柔軟な状況を創り出すこと」が必要だと主張する。つまり、「働けるだけ働いて、不足は生活保護を利用する」、あるいは「疾病を治しながら少しずつ働いていく」、さらには「みんなで仕事を分け合って、不足を福祉が補填する」という生き方を肯定的に捉えている。

　宮本みち子（2012）も、若者支援の立場から就労自立だけではなく、社会生活における自立もゴールのひとつだとし、「生きる場」に参加する方法として半就労・半福祉の「中間的就労」があるとしている。そして、

「生きる場の獲得」を自立支援の究極のゴールとすると、「三つの自立の関係は、就労がゴールになるのではなく、社会生活自立もゴールのひとつとなる。日常生活はそのための条件、就労自立はそのルートのひとつとして位置づけられる」として「釧路モデル」における社会生活自立の重要性を指摘している。[6]

　また、中間的就労に対する否定的な評価を意識してか、釧路市福祉部の劒谷忠範らは、社会的プログラムの事業評価法の一つ、SROI（社会的投資収益率）評価を用いて、投資と社会的リターンとの関係を費用対効果の観点から検証を試みている。その結果、プログラムは投入された費用に見合う社会的価値を生み出しており、一定の効率性や有効性が確認されたとしている。[7]

　このような先行研究を踏まえながらも本研究では、中間的就労が半福祉・半就労という働き方、生き方を新たに生活保護制度に導入できる可能性があると評価し、具体的な保護利用者が生活再建し、人として最低限度の生活を送るための「新しい自立論」を構築する視点を見いだしたい。

(2) 生活困窮者自立支援法による中間的就労の見直し

　しかし、中間的就労の位置づけは生活困窮者自立支援法によって大きく変化する。生活困窮者自立支援法では、中間的就労が「就労訓練」として名称変更され、「就労体験やトレーニングが必要な、いわば、一般就労に向けた支援付き訓練の場」へと位置づけられている。つまり、中間的就労が生活保護受給者を対象とした半福祉・半就労の取り組みからボーダーライン層を対象とした職業訓練として位置づけられた。

---

6 宮本みち子（2012）『若者が無縁化する——仕事・福祉・コミュニティでつなぐ』筑摩書房, 127-128 頁.
7 劒谷忠範／徳田康治／三浦哲裕ほか（2014）「SROI を用いた釧路市生活保護自立支援プログラムの事業評価」『社会福祉研究』第 119 号, 80-88 頁.

表 4.6：福祉就労、中間的就労、一般就労の変遷

1. 伝統的な生活保護行政における働き方についての考え方（2004 年以前）

	福祉就労	-	一般就労
対象者	稼働能力を持たない人	-	稼働能力を持つ人
自立支援の目標	社会参加	-	就労自立
生活を成り立たせる方法	生活保護による最低生活保障	-	就労収入

2. 生活保護自立支援プログラムで生まれた中間的就労（2005 年以後・釧路モデル）

	福祉就労	中間的就労	一般就労
対象者	稼働能力を持たない人	稼働能力を持つ人	稼働能力を持つ人
自立支援の目標	社会参加（社会的自立）	社会参加（社会的自立）と就労自立	就労自立
生活を成り立たせる方法	生活保護による最低生活保障	就労収入と生活保護を組み合わせた最低生活保障	就労収入

3. 生活困窮者自立支援法により位置づけられた中間的就労（2015 年）

	福祉就労	就労訓練事業（中間的就労）	一般就労
対象者	稼働能力を持たない人	稼働能力を持つ人	稼働能力を持つ人
就労支援の目標	社会参加（社会的自立）	就労自立	就労自立
生活を成り立たせる方法	生活保護による最低生活保障	生活保護以外の社会手当や貸付制度の利用など	就労収入

出所：釧路市福祉部生活福祉事務所（2011）「生活保護受給者自立支援にかかわる第二次ワーキンググループ会議報告書」等から筆者作成

　このような中間的就労をめぐる政策の変化は表 4.6 のとおり、伝統的な自立論を行う生活保護行政、釧路市における生活保護自立支援プログラムの現場実践、生活困窮者自立支援法における中間的就労の見直しとして表すことができる。

(3)「地方からの提言」によって変質した中間的就労

　中間的就労の見直しの背景には、生活保護国庫負担金割合をめぐって国と地方との間でおきた生活保護改革論議がある。当時の小泉内閣は 2 度の「骨太の方針」（2003 年、2006 年）により「聖域なき構造改革」として

生活保護国庫負担金割合の削減、つまり地方負担金の増加という提言を行った。それに対して全国知事会・全国市長会は2006年に「新たなセーフティネットの提案」を発表し、稼働世代に対する保護適用期間を最大5年間に限る「有期保護制度の創設」、高齢者を対象とする新たな生活保障制度を創設し、「高齢者世帯対象制度の分離」「ボーダーライン層が生活保護への移行することを防止する就労支援制度」という生活保護制度などの見直し案を提起している。

　2008年のリーマンショック以降の生活保護受給者急増を受けて、指定都市市長会は2010年に「社会保障制度全般のあり方を含めた生活保護制度の抜本的改革～『働くことができる人は働く』社会へ～」（以下、「抜本的改革提案」）という提言を出している。この提言のベースにあるのは「新たなセーフティネットの提案」である。[8]主な内容として、ボーダーライン層には生活保護に優先する制度としての雇用・労働施策を提案している。生活保護制度では、保護利用者を稼働可能層、就労による自立が困難な人、高齢者に分けた上で、前二者には「集中的かつ強力な就労支援」と生活保護制度を、高齢者に対しては生活保護制度に代わる「年金制度と整合する生活保障制度」を「あるべき制度」として提案している。

　このような「地方からの提言」をもとに、「生活保護制度に関する国と地方の協議」（2011）が開催され、2回の会合を経て「中間とりまとめ」が報告された。内容としては、「就労意欲が低い又は通常の就労支援では直ちに就職には結びつきにくい生活困窮者等を念頭に、就労に直接結びつきやすい技能習得訓練、低所得者に特化した個別求人開拓、就労の際に求められる基本的な日常生活習慣支援等を実施すること」などの課題を提起している。

　そして、2012年、子育て関連の3法案の修正とともに消費税率引上げによる増収分を低所得高齢者・障害者等への年金額加算に充てるという社

　8　大阪市（2013）「生活保護行政に関するよくある質問　抜本的改革の提案（指定都市市長会）について」http://www.city.osaka.lg.jp/fukushi/page/0000091680.html#19（2015.8.25 確認）

表 4.7：「生活困窮者の生活支援」体系の成立経緯

	ボーダーライン層	生活保護を受ける稼働世代	生活保護を受ける高齢者
「新たなセーフティネットの提案」(2006)	ボーダーライン層（生活保護受給者のうち、稼働可能層も含む）→「雇用・労働施策」・生活保護制度に優先する制度として、現行の第二のセーフティネットを拡充	有期保護制度	年金制度と整合する生活保障制度
「社会保障制度全般のあり方を含めた生活保護制度の抜本的改革～『働くことができる人は働く』社会へ～」(2010)	雇用・労働施策（生活保護に優先する制度）	集中的かつ強力な就労支援	年金制度と整合する生活保障制度
「生活保護制度に関する国と地方の協議に霍る中間とりまとめ」(2011)	就労意欲が低い生活困窮者等に、技能習得訓練、低所得者に特化した個別求人開拓等、就労の際に求められる基本的な日常生活習慣支援等を実施すること	国から地方自治体に対して、期間を設定した集中的な就労支援を行うこと等を含む生活保護受給者の経験や適性等に応じた就労・自立支援の方針を提示する必要がある	―
「社会保障・税一体改革に関する確認書」(2012)	―	―	低所得の年金受給者対策として、保険料納付期間に応じて最大月額5000円。免除期間に応じて最大、基礎年金満額の1/6相当額を加算
「生活困窮者の生活支援の在り方に関する特別部会」報告(2013)	中間的就労は、就労体験やトレーニングが必要な、いわば一般就労に向けた支援付き訓練	就労支援として「切れ目のない就労・自立支援とインセンティブ強化」が強調されている	―
「生活困窮者の生活支援」体系の整備(2013)	生活困窮者自立支援法（2013）中間的就労は、最終的には就労を目的とした就労支援事業	「生活保護制度の見直し」(2013) 就労インセンティブ、有期の就労支援の導入など	年金生活者支援給付金の支給に関する法律(2013)

出所：「新たなセーフティネットの提案」等の報告書をもとに筆者作成

会保障・税一体改革（社会保障部分）が、民主党・自由民主党・公明党で合意された。

　その後、政権交代が起こり2013年に「生活困窮者の生活支援の在り方にかんする特別部会」報告書が提出され、表4.7のとおり生活困窮者自立支援法など「生活困窮者の生活支援」体系が整備された。

(4) 生活困窮者自立支援法と生活保護法改正の内容

　これまでみてきたように、生活困窮者自立支援法と改正生活保護法は、「新たなセーフティネットの提案」がベースとなっている。ボーダーライン層を対象とした生活困窮者自立支援法では、「第一義的には就労体験を通じたステップアップの場の提供を行うもの」というように中間的就労が職業訓練としての位置づけを色濃くしていく。生活保護自立支援プログラムにおいて半福祉・半就労として注目された中間的就労が、一般就労をめざす就労訓練として位置づけを変えられている。

　第2章でも詳しく解説しているように、生活保護制度の改正では、生活保護を受給する稼働世代を対象として「切れ目のない就労・自立支援とインセンティブの強化」が強調され、期間を区切りインセンティブを付与する仕組みである「有期保護制度」が導入されている。この改正は自立への支援の目的が「まずは就労」であることを強調している[9]。

　さらに、基礎年金を満額受給できていない高齢者や障がい者、遺族を対象として、それぞれ老齢年金生活者支援給付金[10]、障害年金生活者支援給付金[11]、遺族年金生活者支援給付金[12]という「福祉的な給付」が支給される。いずれも消費税率10％引き上げ時期にあわせて実施された。

　このように全国知事会・全国市長会から発信された「新たなセーフティネットの提案」(2006)は、「抜本的改革提案」(2010)を経て、生活困窮者自立支援法、生活保護法改正、年金生活者支援給付金の支給に関する法律として法整備された。生活保護自立支援プログラム「釧路モデル」とし

---

9 厚生労働省社会・援護局保護課 (2012)「第8回社会保障審議会生活困窮者の生活支援の在り方に関する特別部会提出資料」https://www.mhlw.go.jp/stf/shingi/2r9852000002l5fv-att/2r9852000002l5lf.pdf (2020.9.20確認)
10 国民年金の保険料納付済期間に基づく月額（月額5030円×保険料納付月数/480）と保険料免除期間に基づく月額（1万856円×保険料納付月数/480）の合算額。https://www.mhlw.go.jp/nenkinkyuufukin/system.html#anc-area-1-3 (2020.10.5確認)
11 1級の障害基礎年金受給者については月額6250円。2級の障害基礎年金受給者については月額5030円。https://www.mhlw.go.jp/nenkinkyuufukin/system.html#anc-area-1-3 (2020.10.5確認)
12 月額5030円。ただし、2人以上の子が遺族基礎年金を受給している場合は、5030円を子の数で割った額。https://www.mhlw.go.jp/nenkinkyuufukin/system.html#anc-area-1-3 (2020.10.5確認)

て注目を浴びた中間的就労は、この過程で生活困窮者自立支援法において期限が設定された職業訓練として位置づけられることになった。

　生活困窮者自立支援法で法制化された中間的就労は、一面では居場所づくりや自尊感情の獲得など社会的自立に向けた新しい生活困窮者の働き方を提起している。しかし、その一方で中間的就労を変質させ、稼働能力がある生活困窮者には、生活保護よりも就労訓練としての中間的就労を勧め、住居確保給付金以外には金銭給付を行わない仕組みを整備した。もっとも、生活保護を適用させたとしても、期間を区切った就労支援を行う、極めて厳しい就労自立を強いる自立論が展開されてきているといえるだろう。

４．伝統的自立論克服のための新しい自立論の到達点と課題

　先述したとおり本書の目的は、制度創設から半世紀以上にわたり続いている経済的自立だけを重視した生活保護行政による伝統的な自立論を、障がい者運動にみられるような、福祉制度を利用して主体的に生きることを提起した新しい自立論へと転換を図ることだった。このため本章では、各地方自治体での現場実践に焦点を当て、自立論の先駆的取り組みと課題を検討した。この結果、生活保護行政の抱える最大の問題点である「超低保護率と保護申請手続きの複雑さ、スティグマ（恥の烙印）の付与」を伝統的自立論の形成過程からもみることができた。生活保護行政における伝統的自立は、戦前から続く惰民養成排除思想を新たな形で継承してきたとも言える。つまり「北九州方式」や「大阪方式」と呼ばれる生活保護行政は、新たな方法で保護を申請させず、早期に退出させるために、スティグマ（恥の烙印）を強調し、保護申請手続きへのハードルを設け、保護率を低く抑えてきた。それは、職員体制や支援方法などの実施体制を見直し、行政主導型「地域福祉」や新たなセーフティネットの整備など稼働能力や扶養義務を強調し、自己責任、自助努力を迫る厳しい自立論という点で共通していた。

一方、在り方専門委員会が提起した、経済的自立だけではなく、日常生活自立や社会生活自立を含めた多様な自立論をめざす取り組みにも着目した。つまり生活保護制度を利用しながら「働くだけではなく、異なる生き方を選択する」という新しい自立論確立への可能性を示した。また、江戸川区福祉事務所、山城北保健所福祉室、釧路市社会福祉事務所などの自立論は、保護利用者の最低生活保障という仕組みを活かして、個別の課題に着目し、生活再建を図るという実践の積み上げから形作られてきた。例えば、江戸川区福祉事務所の活動は長期的にわたる貧困に対して、就労支援だけにとどまらない高校進学といった「生活力形成」や「生活関係形成」といった課題への取り組みを行ってきた。最低生活保障や社会福祉サービスなど「制度を活かして働く条件を整える自立論」であるといえる。山城北保健所福祉室では、生活保護だからこそできる最低生活保障という機能を活かし、長期的展望に立った自立論を展開している。そして、釧路市社会福祉事務所では、生きていくことに自信を失い、スティグマ（恥の烙印）に苦しむ人に「自尊感情」や「自己肯定感」を取り戻し、社会とつながるための「居場所」づくりや「中間的就労」という取り組みが提起された。生活保護を受けながら自らが陥った状態を捉え直すための「居場所」や、社会につながっていくために生活保護を受けながら働く「中間的就労」（半福祉・半就労）という実践として具体化した。これらの取り組みは、「超低保護率と保護申請手続きの複雑さ、スティグマ（恥の烙印）」という生活保護行政が持つ最大の問題点の克服につながるものとも評価できた。「社会とつながる手段として働くことを選ぶ」「自信を回復し、社会とつながることをめざす」といった新しい自立論だといえる。

　これらの新しい自立論は、極めて熟練した熱心なケースワーカーや保護利用者を支える地域住民や団体などが取り組みを牽引しているという共通点がある。時間をかけて地域に認知され、全国的な広がりをみせた活動もある。ただし、どう運用するかは地域の実情によるところが大きいため、実施体制やノウハウの蓄積に差が出てくる。予算が確保できないことや、熱心なケースワーカーの異動（配置転換）で取り組みが弱まることも少な

くない。ケースワーカーが福祉専門職として働く、しっかりした専門職制度の確立が必要である。

　新しい自立論が制度化される過程にも障壁がある。本章の後半では、保護費削減、効率化を優先した生活保護申請数の抑制、就労自立の促進という伝統的自立論に取り込まれ、生活困窮者自立支援法の法整備の過程でその性格を変質させた「釧路モデル」の中間的就労の例を取り上げた。

　このような「新しい自立論」が定着していくには、まだ多くの時間を要するかもしれない。地道に活動を深化させ、ノウハウを蓄積し、職場から地域へと広げ、多くの共感のもと「新しい自立論」が展開されることが必要だろう。そして、その活動に光を当てて、その意味の大切さや有効性を広げて、一般化していく、ねばり強く地道な研究が必要とされている。

おわりに

　日本の生活保護行政の主流を占めてきた伝統的自立論にも、様々な流れがある。本章では、国の方針に忠実に従ってきた「北九州方式」、国への提言により生活保護法改正をリードした「大阪方式」といった伝統的自立論の流れを紹介した。

　一方で、新たな自立論につながる生活保護行政の現場での実践活動がある。そこには名もなきケースワーカーや非常勤職員、そして保護利用者を支援する仲間がいる。なかでも、「釧路モデル」と呼ばれる中間的就労の取り組みでは、生活保護制度を利用しながら社会に参加するという半福祉・半就労の取り組みを地方自治体が制度化した。

　しかし、国の政策は、生活困窮者自立支援法で生活保護への侵入を防ぐボーダーライン対策として、中間的就労を職業訓練に変えた。常に、新たな自立論が制度化されるには大きな障壁がある。多様な自立を支援する現場実践を、新たな自立論として活かす研究が求められることを指摘した。

　第5章では、積極的にワーキングプアを包摂した韓国における国民基礎生活保障法について分析を行い、日本への示唆としたい。

第5章

日韓比較研究からみる新たな中間的就労の可能性
——新たなセーフティネットの構築を目指して

はじめに

　ここでは韓国における生活困窮者を対象とした所得保障策と就労支援策についての政策動向をさぐり、日本における「新しい自立論」確立のための示唆を得たいと考えている。なぜなら韓国は、アジア通貨危機で大量に生まれた失業者を解消するため、2000年に国民基礎生活保障法を施行し、ワーキングプアの最低生活を保障する体制を整備したからである。つまり、失業者など働くことが可能な生活困窮者に自活事業への参加を義務付けることで最低生活保障を行うことを容認するという仕組みである。この国民基礎生活保障法は、これまでの厳しい稼働能力の判定を課してワーキングプアを排除した従来の仕組みを大きく見直すものだった。この法律はいわゆる条件付きではあるが、半福祉・半就労の取り組みを導入する画期的なものだった。

　その経緯を示し、日本の生活保護制度の「新しい自立論」を確立するための課題を探りたいと考えている。

1. 韓国における生活困窮者を対象とする就労支援体制

(1) 日本と韓国の福祉制度の相違点

　韓国は 1997 年の IMF 危機以前、日本の制度を参考にした生活保護制度を実施していた。しかし、2000 年に、稼働年齢層であるワーキングプアに対しても、就労することを条件として経済給付（最低生活保障）を実施する国民基礎生活保障法（韓国の公的扶助制度）を制定した。

　日本と韓国における生活困窮者対策の大きな違いは二点ある。一点目は、韓国では生活困窮する稼働年齢層に対しても、公的扶助を適用していることである。これは日本が生活保護法制定以降にも無差別平等を謳いながら「補足性の原理」を強調し、稼働年齢層への保護を適用しない運用を続けてきた点で違いがある。

　二点目は、生活困窮者への支援の方法である。韓国の自活事業は、政策としては日常生活自立や社会生活自立への視点が軽視され、就労自立のみに偏る就労インセンティブ志向の福祉政策、すなわちワークフェア政策を採用してきた点では、日本と大きな差異はない。しかしながら、保健福祉部では国民基礎生活保障法利用者、雇用労働部では失業者というように、社会福祉と雇用政策の対象者を峻別し、能力や環境に応じて社会福祉と雇用対策による支援を使い分け、適用している点は異なっている。

　それに対して日本と韓国において共通する点は、先駆的な現場実践では、就労自立を目標に掲げながらも当事者主体を大切にし、多様な自立への支援を実施していることである。

(2) 韓国における半福祉・半就労という就労支援の見直し

　韓国では 2009 年に、保健福祉部が「希望リボーンプロジェクト（Re-born Project）」事業を、雇用労働部が「就労成功パッケージ」事業を立ち上げた。国民基礎生活保障法利用者のうち稼働能力点数が低い者が保健福祉部の「希望リボーンプロジェクト（Re-born Project）」事業へ、点数が高い者が雇用労働部による就業成功パッケージへと参加し、教育、訓練プ

ログラムなどの就労支援へと振り分けられた。

　それぞれ個人の計画に基づく教育訓練、働く環境の見直し、創業への仲間づくり、創業した業務の経営コンサルタント、保護を受けなくなった後のアフターフォローなど就労支援のマネージメントを実施した。このように国民基礎生活保障法利用者にとっては、最低生活を保障しながら個別の状況に応じた就労支援を実施するという点で、日本で「釧路モデル」と呼ばれる中間的就労（半福祉・半就労）と共通するものだった。

　さらに、国民基礎生活保障法を受けていない失業者にも、ケアマネージャーがそれぞれにつき、当事者とともに計画を立て、人によっては文字の読み書き、読書など極めて基礎的な学力なども養成する職業訓練、プログラムへの参加の機会が与えられるといった社会福祉的な職業訓練や教育を導入した。

　しかしながら、韓国においても、2015 年より保健福祉部が主管していた「希望リボーンプロジェクト」事業が雇用労働部の「就労成功パッケージ」に統合されるという見直しが実施された。また、同時に国民基礎生活保障法の基準見直しやカテゴリー別の保護適用といった見直しが行われた。

(3) 就労支援のシステムと見直しで拡大する就労支援対象者

　国民基礎生活保障法では、稼働年齢層は利用の前提として自活事業へ参加することが義務づけられている[1]。このため自活事業への参加者は図 5.1 のとおり、2011 年 12 月末現在、国民基礎生活保障法利用者、次上位階層との合計で約 8.4 万人だった。国民基礎生活保障法利用者（147 万人）のうち「稼働能力評価」対象は 26.5 万人で 18％を占める。そのうち自活事業を条件としない賦課除外者が 21 万人（条件付除外者 19.5 万人と条件付賦課猶予者 1.5 万人の合計）で 79.2％、条件付利用者と自活特例者が 5.5 万人で 20.8％となっている。

---

　1 韓国における「自活」という言葉は，日本の「自立」と読み替えることができるだろう。従って，ここでは「自活」という言葉のまま使用したい。

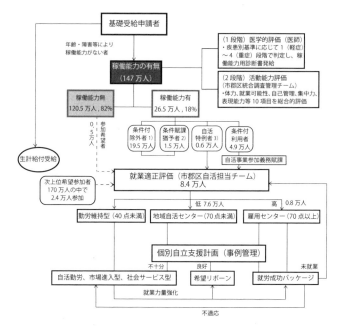

図 5.1：自活事業参加者稼働能力判定プロセス

注1）条件付き除外者4とは、週3日以上働いている者（12.1万人）、家庭事情（介護、育児等1.5万人）、大学生（5.1万人）、その他除外者（入隊予定者、除隊者等0.8万人）である。
注2）地域（島嶼僻地）及び障害者（5〜6級）、試験準備生等状況が改善されるまで自活事業の参加を一時的に猶予された者。
注3）受給者が自活勤労、自活共同体等に参加して得られた所得が所得認定基準を超えた者。
出所：大友信勝（2013）「韓国における自活事業の概要」『韓国における新たな自立支援戦略』6と權順浩（2016）「韓国における中間的就労の動向」『社会政策』通巻第24号，104頁をもとに筆者作成

　さらに、就労適正評価は国民基礎生活保障法利用者だけではなく、ボーダーライン層となる次上位階層（170万人 のうち、希望参加者2.4万人）、その他の参加希望者を含め、合計8.4万人が対象となっている。

対象年齢基準の撤廃

　最初に自活事業対象者における対象年齢基準の動向をみると、表5.1にあるように年々、対象年齢の基準を拡大している。2000年当初は、18歳以上60歳以下の就労能力のある人のみを自活事業の対象としていた。2001年には自活事業対象者14万9000人のうち、11万5000人が自活事業に参加したが、2002年には自活事業参加者が半減し、2003年に年

表 5.1：年齢基準撤廃への経緯

	2000 年	2003 年	2004 年	2012 年	2015 年
年齢と その他基準	18 歳以上 60 歳以下	・15 歳以上 18 歳未満の場合、保護者の同意を得れば、参加することができる。 ・62 歳以下	64 歳以下	65 歳以上の勤労能力のある者	65 歳以上の稼働能力がない者も参加することができる。

出所：權順浩（2016）「韓国における中間的就労の動向」『社会政策』通巻第 24 号 , 104 頁をもとに筆者作成

齢基準を 60 歳以下から 62 歳以下に対象を拡大した。さらに、15 歳以上 18 歳未満の受給者においても保護者の同意を得れば、自活事業に参加することができるようにした。2004 年には年齢の上限を 62 歳から 64 歳へと広げた。2012 年には、65 歳以上の勤労能力のある者も自活事業へ参加することができるようになり、事実上、自活事業対象者の選定において年齢基準は撤廃された。

また国民基礎生活保障法の施設利用者は就労能力がないとみなし、自活事業へ参加することができなかったが、2010 年より稼働能力のある施設利用者に限って自活事業への参加を認めた。さらに、これまでは稼働能力がないと判定された受給者は、自活事業への参加が認められなかったが、2015 年より稼働能力の有無にかかわらず、自活事業に参加したいという意欲さえあれば、誰でも自活事業へ参加することができるようになった。このように自活事業は年齢基準、稼働能力についての要件を撤廃し、対象基準を拡大している。

年齢基準の撤廃に伴う就業適性評価基準の見直し

また図 5.1 に従って、市郡区自活担当チームによって表 5.2 のとおり、就労能力の評価が実施される。稼働能力の高い者は雇用労働部の雇用センターに、低い者は地域自活センターに振り分けられる。この稼働能力評価が年齢要件の変更とともに健康状態、職歴及び学歴、求職意欲、家庭状況、裁量点数など評価指標を広げている。この就業適正評価基準の見直し

は年齢基準を撤廃し、意欲さえあれば、65 歳以上でも働くことができるという対象者拡大のための見直しである。

自活事業の見直し

　国民基礎生活保障法の条件付利用者が参加する自活事業は、表 5.3 のとおり自活共同体、自活勤労事業、地域ボランティア、リハビリテーション・プログラムに分かれる。自活事業参加者は、稼働能力がある国民基礎生活保障法の条件付利用者とボーダーライン層にあたる次上位階層である。参加者は表 5.2 のとおり、年齢、健康状態、職歴及びそれぞれの自活意欲、就労能力点数、地域的特徴などに応じてこれらのプログラムに参加する。

表 5.2：就業適正評価表

2000 年			2006 年			2013 年以後		
評価項目	基準	点数	評価項目	基準	点数	評価項目	基準	点数
年齢 (40)	18～35 歳	40	年齢 (30)	18～35 歳	30	年齢 (30)	18～30 歳	30
	36～50 歳	20		36～55 歳	20		31～43 歳	20
	51 歳以上	0		56～64 歳	10		44～55 歳	10
							56 歳以上	5
健康状態 (30)	良好	30	健康状態 (25)	良好	25	健康状態 (20)	良好	20
	普通	15		普通	15		普通	15
				普通以下	5		普通以下	5
職歴及び 学歴 (30)	上	30	職歴及び 学歴 (25)	上	25	職歴及び 学歴 (20)	上	20
	中	15		中	15		中	15
	下	5		下	5		下	5
						求職意欲 (10)	上	10
							中	7
							下	5
						家庭状況 (10)	上	10
							中	7
							下	5
			裁量点数 (20)		20	裁量点数 (10)		10

出所：權順浩（2016）「韓国における中間的就労の動向」『社会政策』通巻第 24 号 , 105 頁 .

自活共同体の見直し

　自活共同体は就労能力が高い参加者同士の結びつきにより、創業する事業である。2012年8月より「自活企業」と名称が変更されている。この自活共同体は、自活事業プログラムが実施される前から市民団体を中心に低所得者層を支援するために行われてきた事業であった。

　2004年当初の設立条件は、①自活共同体の構成員のうち、国民基礎生活保障法利用者が1/3以上でなければならないこと、②事業に参加するすべての構成員に対して50万ウォン以上の収益をあげることが可能であること、③組合または、2人以上の事業者で設立すること、という3つの条件を満たすことだった。その後、3つの条件のうち①の構成員条件に変更はないが、2011年より②の収益配分条件が50万ウォンから70万ウォンに見直された。そして③の構成組織条件が2013年より、1人以上でも可能になった。

　その他、自活共同体の創業時、創業資金貸与、国有・公有地の優先賃貸、受給者採用時の人件費支援等様々な支援が実施された。このうち人件費支援については、当初、自活勤労事業団から転換した自活共同体だけに限定されていたが、2006年以降、自活勤労事業団以外の者も対象となった。なお、人件費支援期間は、自活勤労事業団から転換した自活共同体（自活企業）においては、原則6カ月間としつつも、必要に応じて6カ月の延長も可能とされ、最大1年間支援を受けることができる。これらの見直しは、収益配分条件の増額、構成組織の構成要件などにみられるように国民基礎生活保障法を利用する者の脱受給を促進するための改革となっている。

自活勤労事業の見直し

　自活勤労事業は自活事業対象者に自活を促せるよう、基礎的な能力を養うことに重点を置き、勤労の機会を与える事業である。就労訓練事業として「介護」「家の修繕」「掃除」「資源のリサイクル」「飲食物のリサイクル」を5大全国標準化事業として位置づけている。ただ、各地域の事情

にあわせて、その他に弁当づくり、洗車、環境整備、事業開発などを就労
訓練事業として採用している。

　自活勤労事業は、事業が始まった 2000 年から 2003 年までは表 5.3 に
おける、就労型とアップグレード型という 2 つのプログラムだった。ま
ず、就労型は自治体が直接実施する事業であり、軽労働への参加が可能な
者と介護や育児等の家庭内の事情により行動範囲が限られている者を対象
としている。さらに、就労型は市場型と公益型に分けられている。市場型
が洗車事業、弁当事業等で収益追求型の事業である。そして、公益型が学
童保育や無料看病事業等で収益よりも公益に重きを置いた事業である。両
事業ともに、国民基礎生活保障法利用者だけではなく次上位階層も参加対
象としている。なお、次上位下層と呼ばれる国民基礎生活保障法を受けて
はいないが極めて近い位置にいるボーダーライン層の参加は制限してい
る。一方、アップグレード型は自治体だけではなく、民間委託も可能であ

表 5.3：2000 年から 2003 年までの自活事業

プログラム			基準	就労能力点数	実施機関
自活共同体			・自活共同体事業への参加意欲が高い者 ・技術習得程度、重労働事業への参加が可能な者	50 点以上	自活後見機関
自活勤労	アップグレード型		・アップグレード型自活勤労への参加意欲が高い者 ・日雇い、臨時職の経験がある者	40 点以上	自活後見機関、自治体直営、民間機関等
	就労型	市場型	・労働強度が低い事業への参加が可能な者	45 ～ 20 点以上	自治体直営
		公益型	・介護や育児等家庭内事情により管内事業のみ可能な者		
地域ボランティア			・健康状態、年齢上、軽労働しかできない者 ・ほかの自活事業への参加を待っている者	30 点以下	社会福祉機関 ボランティアセンター 自治体
リハビリテーション・プログラム			・アルコール依存及び鬱病等、精神健康上異常がある者 ・勤労意欲が著しく低い者 ・常習的に条件をクリアできない者	点数と関係ない	精神保健センター 社会福祉機関等

出所：權順浩（2016）「韓国における中間的就労の動向」『社会政策』通巻第 24 号, 107 頁をもとに筆者作成

表 5.4：2015 年度の自活事業

プログラム		基準	判定対象者	実施機関
自活企業		・自活事業への参加欲求が高い者 ・技術習得、労働強度が高い事業参加が可能な者	50 点以上 70 点未満	地域・広域自活センター 民間委託機関
自活勤労	市場進入型	・自活勤労プログラムの参加欲求が高い者 ・日雇・臨時職の経験がある者	就労能力 強化対象 （45 〜 69 点）	地域自活センター 民間委託機関
	インターン・ヘルパー型			
	社会サービス型			
	勤労維持型	・労働強度が低い事業への参加が可能な者 ・介護や育児等家庭内事情により管内事業のみが可能な者	勤労意欲 増進対象 （45 点未満）	市郡区地域自活センター

出所：權順浩（2016）「韓国における中間的就労の動向」『社会政策』通巻第 24 号，108 頁をもとに筆者作成

る。就労意欲が高く、日雇い・臨時職の経験がある者を対象としている。

　しかし、就労訓練を行う自活勤労は就労型とアップグレード型だけでは、自活事業対象者の就労能力やニーズといった特徴に応じた多様なプログラムの提供に限界があった。このため 2004 年から表 5.4 のとおり自活勤労は、勤労維持型、社会サービス型、インターン・ヘルパー型、市場進入型という 4 つのプログラムに細分化された。

　勤労維持型は就労能力及び自活意欲を増進させ、社会サービス型に参加できるよう準備する事業である。参加者は年齢が高く、健康や学歴等の理由により就労能力が低い者や、介護・育児等の家庭事情により市区郡内で行われる事業のみ参加が可能な者を対象にしている。この勤労維持型は自治体の直営を原則としており、軽労働の地域社会福祉サービス分野の事業を中心に行われている。

　社会サービス型は事業の収益性は低いが、社会的に有用な仕事を提供する事業である。参加者の就労能力の開発とともに、自活意欲を高めて市場進入型に参加できるよう準備する事業である。2012 年より「社会的仕事型」という名称が「社会サービス型」に名称変更されている。社会サービス型には無料看病、家の修繕等を行う自活勤労事業団での業務、自活事業

ヘルパー、福祉施設のヘルパー、給食等がある。この社会的仕事型に参加してから2年以内に市場進入型か、自活企業へと移行するように指導される。

インターン型は一般労働市場の企業に参加者が自活インターン職員として参加し、技術やキャリアを積んで、就業を通して自活できるようにする事業であり、2012年より「インターン型」から「インターン・ヘルパー型」に名称変更されている。この自活事業では、参加者が技術とキャリアの取得ができる電気、溶接、運転、製菓、美容、料理、車整備等の業務を選定し、民間事業者のもとで訓練を受ける。このインターン型は日雇いや臨時職等、不安定な雇用状況におかれている受給者に積極的に参加するように促している。参加期間は、原則6カ月としているが、延長も可能である。

市場進入型は就労能力が高く、一般労働市場で働くことができる可能性の高い人たちが参加する。参加者たちは投資額に対して30％以上の利益が得られる売り上げを達成し、2年以内（1年延長可能）に自活企業として創業するように指導されている。

このように自活勤労事業は細分化され、一般労働市場で生きがいのために働く事業と国民基礎生活保障法から出ていくために働く事業に細分化されている。

地域ボランティア、リハビリテーション・プログラム（社会適応プログラム、踏み石〈ディディムドル〉事業）の就労事業からの分離

2004年以降、地域ボランティアやリハビリテーション・プログラムなど就労能力点数の低い者を対象とした自活事業は、見直しを迫られていく。

まず、地域のボランティアには健康状態が思わしくなく、年齢が高いなど就労能力の低い人が参加する。稼働能力点数30点以下の者を対象としていた。

次に、リハビリテーション・プログラムは稼働能力はあるが勤労意欲が著しく低い受給者、あるいはアルコール依存及びうつ病等、精神健康上の

問題により自活事業に参加することが困難な受給者を対象にしている。精神保健センターや社会福祉機関等を通して専門的な相談と治療等、必要な社会サービスが提供され、自活意欲を向上させることで社会参加を促すプログラムである。このプログラムは2005年より「リハビリテーション・プログラム」から「社会適応プログラム」へと改名された。さらに、「社会適応プログラム」という名称が「社会の不適応者」であるというスティグマを与えていることから、2009年より「踏み石（ディディムドル）事業」と改名された。社会適応プログラムには、事例管理（ケースマネージメント）やアルコール治癒プログラム、職業適応プログラム、ボランティアプログラム等、勤労意欲の向上、社会適応教育、地域連携活動等の集団プログラムが含まれていた。

　ところが、2012年より踏み石事業は「対象者の自活事業参加促進及び特性に応じたオーダーメイド型自活事業サービスを提供する」という理由から自活事業としては位置づけられなくなった。

　このような自活勤労の見直し以前は、表5.5に示すように2000年から2003年まで就労型に60％、アップグレード型に40％という割合で参加者が配置されていた。しかし2004年以降、市場進入型が20％以上、インターン・ヘルパー型、社会サービス型が30％から65％へ、勤労維持型が50％から15％未満に見直された。このような2004年から2013年までの自活勤労事業における配置人員の見直しは、リハビリテーション・プ

表5.5：自活勤労事業規模の変遷

	2000-2003		2004	2005	2006	2007	2008	2009	2010	2011	2012	2013
アップグレード型	40%	市場進入型	20%以上									
		・インターンヘルパー型 ・社会サービス型	30%未満	30%以上	35%以上	40%以上	45%以上	50%以上	45%以上	50%以上	60%以上	65%以上
就労型	60%	勤労維持型	50%	50%未満	45%未満	40%未満	35%未満	30%未満	35%未満	30%未満	20%未満	15%未満

出所：權順浩（2016）「韓国における中間的就労の動向」『社会政策』通巻第24号, 108頁をもとに筆者作成

ログラムや勤労維持型という社会参加をめざす就労支援よりもインター
ン・ヘルパー型、社会サービス型、自活企業といった一般労働市場での就
労支援に重点が置かれていったことを意味する。

(4) 希望リボーン事業の廃止と就労パッケージへの統合

　このような社会参加をめざす就労支援よりも、一般労働市場での就労支
援に重点が置かれる政策動向とともに、希望リボーン事業は 2009 年より
「成果管理型自活事業」としてモデル自治体を選定し、事業を開始してい
る。そして 2013 年から全国で実施されたが、2015 年には雇用労働部の
就業成功パッケージと統合され、事業は廃止された。

　まず、希望リボーン事業のモデル事業は 2009 年に京畿道と釜山の 2 カ
所で始まり、2010 年には京畿道、釜山、仁川、全羅北道の 4 カ所、2011
年には京畿道、釜山、仁川、全羅北道、江原道、光州、大邱の 7 カ所に
拡大された。

　この事業の対象者は就労能力のある利用者と次上位者（ボーダーライン
層）である。希望リボーン事業は、事業運営に成果主義を導入している。
参加者に対しては交通費、食費、訓練費等を 60 万ウォン以内で支給し、
事業者に対しては参加者 1 人あたり基本給 150 万ウォンを支給する。

　事業の遂行機関は基礎相談、オーダーメイド就業準備・就業斡旋、アフ
ターケアサービスを 1 年間提供する。この事業の大きな特徴は、ケアマ
ネージャーが導入され、アセスメント、支援計画の作成、オーダーメイド
の支援などのケースマネージメント（事例管理）を行うことである。例え
ば、利用者を中心にして個人計画を立てる。そして、その人に応じて同じ
境遇を経験した人との話し合いの場を持つ、名作といわれる本を読むなど、
極めて基礎的で柔軟な方法で就労意欲と就労能力の向上を図ろうとする。

　また、このような就労支援を活発化するために一律的な機関運営費支払
いから、事業の実績に応じて次年度委託経費を提供するという成果主義に
よる報酬制度を導入した。これは参加者が最低賃金以上の仕事に就いた場
合や創業した場合、成果給として就業 85 万ウォン、就業が 6 カ月以上持

続した場合85万ウォン、受給者が脱受給したり、次上位者が最低生計費の120%を超えた場合、110万ウォンを支給する仕組みであった。

(5) 雇用労働部の就労支援事業

　雇用労働部が担当する就労支援は、就労能力評価が70点以上の能力の高い者と最低50点以上の国民基礎生活保障法利用者と次上位階層を対象にしている。その事業内容は就労意欲の向上、就業計画の作成、職場での適応力養成、就業斡旋といった期限を区切った就業への支援である。2008年までは、雇用センターが職業適応訓練（就労意欲増進、就業教育及び基本的就業能力の向上をめざすもの）、職業訓練、就業斡旋及び求職活動支援等を実施していた。

　しかし、就労支援事業において「プログラム間における連携がとれていない」という理由から2009年に「希望リボーン事業」とともに低所得層を対象とした「就業成功パッケージ」が導入されている。この「就業成功パッケージ」は、就業成功パッケージⅠと就業成功パッケージⅡに分けられ、低所得層と就労能力の低い層を対象として雇用労働部がこれまで実施してきた就労支援事業を適用している。具体的に言えば、就業成功パッケージⅠが次上位階層、脱北者、外国人、ニート、障がい者、失業者などを対象としている。そして、就労成功パッケージⅡが自営業者等、青年（18〜34歳）、中壮年（35〜64歳）といった主に職業マッチングを必要とする層を対象としている。

　支援の方法は図5.2のとおり、アセスメント、個別支援計画の作成、相談やプログラムの提供、就労意欲と職業訓練、そして集中的に就業斡旋を行うという段階的支援を行っている。

　これらの段階的支援は、参加者への就労能力分析により開始される。第1段階の診断・経路設定段階では、個別就業支援計画を立てることを目的としている。最初、深層心理面接では対象者の職業適性及び志向等を把握することを目的とする。この第1段階は、1カ月以内で実施され、個別就労支援計画を立てることができた参加者に対して、手当が支給される。

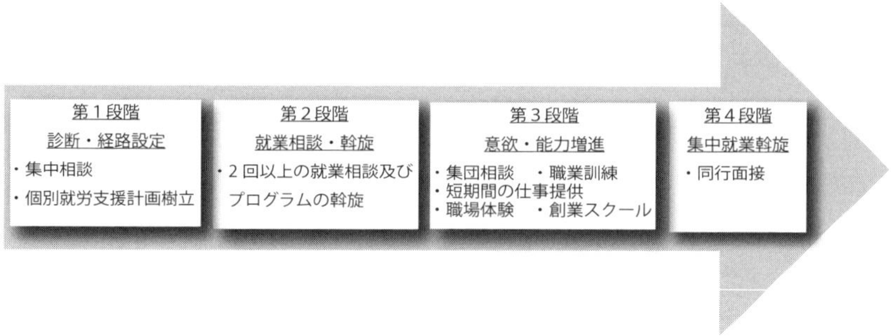

第1段階	第2段階	第3段階	第4段階
診断・経路設定	就業相談・斡旋	意欲・能力増進	集中就業斡旋
・集中相談 ・個別就労支援計画樹立	・2回以上の就業相談及び プログラムの斡旋	・集団相談　・職業訓練 ・短期間の仕事提供 ・職場体験　・創業スクール	・同行面接

図5.2：就業パッケージ成功のプロセス

出所：權順浩（2016）「韓国における中間的就労の動向」『社会政策』通巻第24号，110頁をもとに筆者作成

　第2段階の就業相談・斡旋の段階は、就労支援がなくてもダイレクトに一般労働市場で働くことができる就労能力や就労意欲が高い者が参加する。このため就労支援が必要な対象者は、第2段階を経ずに第1段階から第3段階への支援を受ける。

　第3段階では、参加者の就労意欲と就労技術の向上を図ることを目的としている。職業訓練等、個別の就労支援が実施される。また、集団相談プログラムが実施され、参加者に対して就労意欲の向上及び就労技術、自尊感情の向上等を中心とした内容で行われる。例えば、職業訓練の場合は、参加者の希望する職種関連の職業能力開発及び向上のためのプログラムが提供されている。ここでも、参加者に一定の参加手当が支給され、その範囲内で自らが選定する職業能力開発訓練に参加できる。

　第4段階では第1段階、第2段階、第3段階を終えた参加者に対して雇用支援センターと民間就労支援機関が集中的に就業斡旋を行う。その際における斡旋方法は、個別就労支援計画及び第2段階の過程の状況等を総合的に考慮したものとなる。そして、就労活動及び職業斡旋のため同行面接も行われる。

　このように就業成功パッケージでは、参加者が段階的に支援を進めることに応じて参加手当を支給し、就労インセンティブを引き出すために経済給付が行われている。

2．韓国における就労支援体制の見直しで起こる最低生活保障の崩壊

　このように韓国おいては、2009 年から 2014 年まで国民基礎生活保障法利用者、ボーダーライン層、長期失業者を対象者として自活事業、希望リボーンプロジェクト、就業成功パッケージという 3 つの手法による就労支援体制が展開された。しかし、2015 年に朴槿恵大統領により「類似した性格を持つ事業を統合して効率化を図る」という裁定が下り、希望リボーンプロジェクトが就業成功パッケージ I に統合された。そして、就業成功パッケージ II は失業給付を受けたが就職できなかった者、失業給付の対象外の者、最低生計費の 250％以下の者を対象とするようになった。

　この統合は、自活勤労事業がリハビリテーション・プログラムや勤労維持型という社会参加をめざす支援からインターン・ヘルパー型・社会サービス型、市場進入型、自活企業へ移行したことと同じように、一般労働市場での就労者を重点に対象にしていったと考えられる。表 5.6 のとおり、2009 年以降に実施した希望リボーンプロジェクトと就業成功パッケージは、40％強のレベルで就業成功率を達成している。それに対して、自活事業の就業成功率は、20％強という状況である。そのため 40％強の就業

表 5.6：韓国におけるワーキングプアに対する就労支援

	自活事業	希望リボーンプロジェクト	就業成功パッケージ
対象者	利用者及び次上位 （'11 年 75,795 名）	利用者及び次上位 （'11 年 7,200 名）	利用者から次上位まで （'11 年 63,728 名）
構成比	利用者　68.5％ 次上位　31.5％	利用者　81.4％ 次上位　18.6％	利用者　11.3％ 次上位　88.7％
インフラ	地域自活センター （247 箇所） ―市・郡・区単位	広域自活センター 及び民間企業（7 箇所） ―市・都単位	雇用支援センター （81 箇所） ―市・郡・区単位
主要事業内容	自活勤労事業団及び自活共同体を通じて創業支援	事例管理及び就業斡旋	職業教育・訓練、就業斡旋
成果	就業成功率 21.8％	利用者の就業成功率 43.6％（成果金支給基準）	利用者の就業成功率 43.1％

出所：許賢淑（2016）「韓国の勤労貧困層（Working Poor）に対する勤労連携就業支援政策からの考察」『社会政策』通巻第 24 号 , 98 頁をもとに筆者作成

成功率となる希望リボーンプロジェクトと就業成功パッケージを統合し、支援の効率化を図り、一般労働市場への就業成功率を向上させようという判断が働いたと考えられる。

最低生活保障制度から単給制度への見直し

これらの就労支援事業に加えて、2019 年、失業者対策として 18 歳から 34 歳までの一定の所得以下の若年者に対しては「青年求職活動支援金」という手当を創設した。2020 年には低所得層の失業者を対象とした「国民就業支援制度」という求職活動支援のための給付金制度が創設されている。

つまり、韓国における生活困窮者対策は、スティグマの解消を掲げる「選別主義から普遍主義へ」の取り組みとして、最低生活保障を目的とする国民基礎生活保障法から困窮課題に応じて生活扶助、教育扶助、住宅扶助、医療扶助を支給する単給制度へと変更された。しかし、この単給化への取り組みは、平均所得に対する最低生活費の割合を 1999 年の 40.7％から 2009 年 32.8％、2011 年 30％と徐々に減らし、目的別に金銭給付を行い、給付額を減額させる改革の延長線上にある[2]。

韓国における就労支援の見直しは包括的な生活支援を行う最低生活保障の仕組みを見直し、参加者の就労インセンティブを引き出し、一般労働市場で働くことを求めるものだといえる。

このような韓国における「選別主義から普遍主義へ」と政策目標を掲げた就労支援策と所得保障の見直しは、表 5.7 のとおり希望リボーンプロジェクトで試みられた最低生活保障と教育・訓練による就労支援、つまり韓国版の中間的就労の見直しだとも言える。働けない層への経済給付を少なくし、目的別に経済給付を行い、就労インセンティブなどを向上させる見直しである。すなわちソフトなワークフェアからハードなワークフェアへの見直しだともいえる。

---

2 田中明彦（2011）「韓国における国民基礎生活保障法の現状と課題──貧困社会連帯の聞き取り調査を中心に」『龍谷大学社会学部紀要』第 39 号，56 頁，https://opac.ryuk oku.ac.jp/webopac/bdyview.do?bodyid=BD00000763&elmid=Body&fname=r-sk-ky_039_006.pdf&loginflg=on&block_id=_296&once=true（2016.7.16 確認）

表5.7：韓国における就労支援体制の見直し

1.自活勤労と雇用対策（2000年より）

	自活勤労	雇用対策
実施体制	保健福祉部	労働部
対象者	国民基礎生活保障法条件付利用者	国民基礎生活保障法条件付利用者、自活特例者、次上位階層
方法　サービス提供機関	地域自活センター	職業支援センター

2.自活勤労、希望リボーンプロジェクト、就労成功パッケージⅡ（2009年～）

		自活勤労	希望リボーンプロジェクト	就業成功パッケージⅠ	就業成功パッケージⅡ
実施体制	実施責任	保健福祉部		雇用労働部	
	提供責任	自治体		雇用センター	
	サービス提供主体	地域自活センター	株式会社、社会的協同組合	雇用センター	株式会社、社会的協同組合
対象者		国民基礎生活保障法利用者、自活特例者、次上位階層	国民基礎生活保障法利用者、自活特例者、次上位階層	国民基礎生活保障法条件付受給者、自活特例者、次上位階層	青年及び最低生計費250%以下、中壮年等
方法	事業適性評価（稼働能力判定）	40点未満	40点以上70点未満	70点以上	-
	援助内容	ケースマネージメント	-	職業訓練、職業紹介	職業訓練、職業紹介
	専門職	社会福祉士	-	職業相談士	職業相談士
所得保障		国民基礎生活保障法など		参加手当が加えられる	参加手当が加えられる

3.自活勤労と就労成功パッケージⅠ、Ⅱ（2015年～）

		自活勤労	希望リボーンプロジェクト	就業成功パッケージⅠ（希望リボーン事業統合）	就業成功パッケージⅡ
実施体制	実施責任	保健福祉部	-	雇用労働部	雇用労働部
	振り分け	雇用福祉センター	-	雇用福祉センター	雇用福祉センター
	提供責任	自治体	-	雇用センター	株式会社、社会的協同組合
	サービス提供主	地域自活センター	-		
対象者		国民基礎生活保障法条件利用者、自活特例者、次上位階層	-	国民基礎生活保障法利用者、次々上位以下者、自営業者	青年及び最低生計費250%以下、中壮年等
方法	援助内容	ケースマネージメント	-	職業訓練、職業紹介	職業訓練、職業紹介
	専門職	社会福祉士	-	職業相談士	職業相談士
	見直し期間	3年	-	第1段階1カ月 第2段階8カ月 第3段階3カ月	1年
所得保障		国民基礎生活保障法	-	課題別手当、参加手当	参加手当

出所：2015年9月に実施した実態調査（韓国保健福祉部、自活センター、労働部雇用センター、中央自活センターなど）により得た資料をもとに筆者作成

3．日韓両国で進むワーキングプアの公的扶助からの退出への仕組み

　北欧、とりわけスウェーデンでは 1990 年代より職業訓練を受け、決められた期間内に就職し、福祉給付を受け取るというワークフェア政策の見直しが迫られた。義務として期間内に就労を果たすという取り組みを見直し、個人別のアクションプランをもとに教育訓練を経て、就職を果たすというアクティベーションが展開された。

　このような政策展開を取り入れた韓国は、失業者などのワーキングプアを対象とするワークフェア政策として 2000 年に国民基礎生活保障法を整備し、その後アクティベーション政策である希望リボーン・プロジェクト事業を展開した。そして、従来の公的扶助がもっていたスティグマの付与を回避し、誰もが支援の対象となることができる普遍化政策を選択するという理由で、扶助費の単給化が実施され、就業成功パッケージに希望リボーン・プロジェクト事業が統合された。

　さらに「青年求職活動支援金」「国民就業準備支援制度」という制度は「社会保険—社会手当—公的扶助」という公的扶助の手前にボーダーライン対策としての社会手当を整備するセーフティネット体制の確立を意味している。

　日本においても 2005 年に生活保護自立支援プログラムが導入され、就労自立だけではなく日常生活自立や社会生活自立への取り組みが提起され、アクティベーションへの取り組みが進められた。しかし、2008 年に起こったリーマンショックに連鎖した国際的金融危機により、保護利用者が急増した。2011 年には保護利用者が 200 万人を超えるに至り、第四次「適正化」政策が導入された。この第四次「適正化」政策により 2013 年からの 3 年間、そして 2018 年からの 3 年間と生活保護基準が引き下げられる状況が生まれている。加えて、生活保護制度を利用する手前で就労支援などを行う生活困窮者自立支援法というボーダーライン対策が整備されている。

　このように日韓両国でアクティベーション政策が見直され、期間を限定

するなどの就労支援が強化されている。さらに、公的扶助の手前にボーダーライン対策として就労支援や社会手当などの制度が整備されているという点も共通している。

日韓両国で進むハードなワークフェア政策

　この章では韓国における就労支援の政策動向について概括した。まず、韓国における国民基礎生活保障法の捕捉率23.2％と日本における生活保護法の捕捉率10.7％には大きな差異がみられる[3]。両国における稼働年齢層に対する保護適用については依然として日本が韓国と比較して少ないものとなっている。

　日本では、就労支援について生活保護自立支援プログラムで生まれた半福祉・半就労の取り組みである中間的就労が、保護前の職業訓練として位置づけられた。ボーダーライン層を対象とした生活困窮者自立支援法が制定され、中間的就労が「第一義的には就労体験を通じたステップアップの場の提供を行うもの」というように機能の見直しが行われた。さらに生活保護制度おいては、稼働世代に対する支援としてインセンティブの強化が強調され、期間を区切った支援を行う有期保護制度が施行されている。また生活保護申請を抑制するためのボーダーライン対策が整備されており、稼働能力者が保護から早期退出するように期間を区切った就労支援が施行されている。

　一方、一般労働市場をめざす働ける人と社会参加など社会福祉の視点から働くことが必要な人とが区分けされている。そしてスティグマの解消、「選別主義から普遍主義へ」という改革理念を掲げて、これまでの包括的な最低生活保障の仕組みを目的別の経済給付に細分化し、縮小している。このように、日韓両国において公的扶助が就労インセンティブを強調し、最低生活保障という仕組みを見直すことにより、一般労働市場で働く者を増加させようとしている。そして、最低生活を保障することから就労自立

---

3 生活保護問題対策全国会議（2018）『「生活保護法」から「生活保障法」へ』明石書店，92-102頁．算出方法は利用率÷相対的貧困率である。

を求める給付の仕組みへと変化を遂げている。一般就労や福祉就労だけではなく、多様な自立を可能にする半福祉・半就労の取り組みを見直し、さらに最低生活保障の仕組みを壊して、公的扶助における就労を保護から退出させるための一般就労だけに限定する極めてハードなワークフェア政策が進んでいる。

おわりに

　かつては日本の生活保護制度を参考にした公的扶助を実施してきた韓国だが、2000年に国民基礎生活保障法を制定して、失業者などワーキングプアに対し、就労支援プログラムへの参加を条件として最低生活保障を行う制度へと大きく舵を切った。自立の目的は、就労自立だが、就労能力を個別に判断して各々に合った就労目標や就労の場を提供した点で、日本の就労支援とは大きく異なる。韓国版の半福祉・半就労、中間的就労だといえる。

　しかし、韓国の公的扶助は、2015年より再び厳しい経済的自立への方向転換を図る。普遍化を掲げ、最低生活保障の仕組みを見直し、保護費用の削減を行っている。今後の日本の生活保護制度の行方を推し量るためにも、韓国の国民基礎生活保障法の就労支援の動向を注視していきたいと考えた。このため終章では、今後の日本における生活困窮者を対象とした自立論の進むべき課題を提起したいと考えている。

終章

本研究の到達点と課題

はじめに

　終章では、本書の構成を振り返りたい。次に、生活保護制度をめぐる最近の動向を取り上げたい。そして、これらの動向が新たな自立論に対する課題となるであろうことにも言及する。

　序章では、生活保護制度と障がい者運動の自立論が同じ社会福祉でありながら、まったく異なる展開をみせたことを説明した。同時に、生活保護制度においても障がい者運動に学び、新たな自立論を確立することが必要であると主張した。また、そのことが日本の生活保護制度の特徴である超低保護率と保護申請手続きの複雑さ、スティグマ（恥の烙印）の付与を解消すると説明した。さらに本書での研究姿勢、研究方法などを説明している。

　現代の生活保護制度の自立論の特徴は、第1章において示したとおり、第四次「適正化」政策によって「生活保護制度の在り方に関する専門委員会報告書」（2004）で提起された生活保護制度における多様な自立への目標を改めて就労自立へと回帰させたところにある。

そもそも生活保護制度における自立論の歴史は、「適正化」政策に代表される、保護を受けず一人で生きることを「自立」と呼ぶ生活保護行政と、生活困窮者に対して、最低生活保障を行うとともにその人の歩みに応じた支援を行う現場実践との対立があった。このような対立構造のもと、現場実践における自立論として半福祉・半就労を謳う中間的就労（釧路モデル）を提起した。そして、現代社会における生活保護制度の自立論は、新たな「就労インセンティブ」論を提起した。

　第2章では、「就労インセンティブ」論の実態を示した。2013年の生活保護法「改正」で強調されたのは、不正受給対策と「就労による自立の促進」（就労自立給付金など）だった。これらの政策は、保護利用者すべてを福祉依存者とみなし、アメリカのTANFに代表されるように期間を区切って就労を迫り、就労できない場合には保護適用を見直す日本版ハードなワークフェアともいうべきものだった。

　そこでいくつかの先行研究を紹介し、日本とアメリカ、イギリスとを比較した場合、稼働年齢層をあまり保護しない日本にはアメリカのような福祉依存者対策はなじまないという見解を示した。

　第3章では、現場実践者から生まれた先行研究に基づき就労阻害要因と就労意欲という視点で保護利用者が働くことについてどのような支援が必要なのかを検討した。

　またケースワーカーの協力を得て、生活保護受給者等就労支援事業参加者を対象とした個人票調査を行い、その中から協力者を募りインタビュー調査を実施した。個人票調査では、就労意欲や就労阻害要因が就労とどのように関係するのかを調べた。その結果から就労支援事業参加者を4類型に区分し、就労支援についてのそれぞれの課題を提示した。そして、「自信を回復し、社会とつながることをめざす自立論」「社会とつながる手段として働くことを選ぶ自立論」「働くだけではなく、異なる生き方を選択する自立論」「制度を活かして働く条件を整える自立論」という就労支援の現場から見えた新しい自立論の必要性を提起した。

　第4章では、日本における、就労自立を強調し保護からの退出を「自

立」と呼ぶ伝統的自立論と、保護利用者それぞれにふさわしい生き方を支援する現場実践を紹介した。伝統的自立論として北九州市や大阪市の取り組みを取り上げた。北九州市が「水際作戦」に象徴されるように、違法といえるような行政運用を展開するのに対して、大阪市は「新たなセーフティネット」にみられるような、期間内に生活保護からの退出を要求するところに特徴があった。

　一方で、現場実践の自立論として江戸川区福祉事務所、山城北保健所福祉室、釧路市社会福祉事務所などの取り組みを紹介した。これらの事例ではいずれも生活保護受給者の最低生活保障という仕組みを活かして、まずは生活を確保し、次に個別の課題に着目し、生活再建を図るという実践が積み上げられていた。しかし、これらの先駆的な取り組みの多くは個々のケースワーカーの力量に頼るところが大きく、制度や政策へと反映するまでには至らなかった。例えば、釧路モデルと注目された「中間的就労」は生活保護による経済給付を利用しながら、社会参加のために働くというもので、障がい者雇用で言う「半福祉・半就労」を意味するものだった。ところが、新たに創設された生活困窮者自立支援法では、「中間的就労」が経済給付を伴わない就労訓練に事業内容を変更させられてしまった。今後は就労自立一辺倒の政策を見直し、現場実践で進められる最低生活保障を活かした多様な自立への支援を、政策へと反映させることが課題となっている。

　第5章においては、韓国の「希望リボーン・プロジェクト」を紹介した。そもそも韓国は1997年に起こったIMF危機を契機として自活事業への参加を条件に、すべての稼働能力者を保護するという大きな政策転換を実行した。さらにアジア通貨危機による失業者増大への対応策として、2000年に国民基礎生活保障法を創設した。この国民基礎生活保障法は、就労することを条件として経済給付を行うハードなワークフェア政策として位置づけられる。しかし、就労自立の成果は上がらなかった。そこで2009年から2014年までの5年間、アクティベーション政策として「希望リボーン・プロジェクト」が展開される。そして2015年、トータルな最低生活を保障する国民基礎生活保障法は、生活扶助、住宅扶助、教育扶

助など、困窮課題に合わせた給付制度へと変更された。加えて2019年に失業者対策として、18歳から34歳までの一定所得以下の若年者に対して「青年求職活動支援金」という手当を創設した。2020年には低所得層の失業者を対象とした「国民就業支援制度」という求職活動支援のための給付金制度が創設されている。「普遍化」という掛け声のもとに、トータルに人の生活に必要なものを捉える最低生活保障という仕組みを整備するのではなく、医療、住宅、教育などをそれぞれ課題別に支援する単給制度に見直された。つまり、韓国では「普遍化」の名のもとに、対象者を限定し、生活保障給付が削減されているのである。

1．ベーシックインカムの主張にみる可能性と危険性

　21世紀に入り貧困問題の解消が世界的な規模で共通課題となったが、福祉給付の条件として厳しい就労を課すワークフェアや教育、訓練を導入するアクティベーションという政策が進められてきた。その後、日韓両国において生活困窮者の増加が進み、公的扶助から退出させることを目的とした就労支援が強化されていった。そして、2019年に中国の武漢で初めて確認された新型コロナウイルスは2020年初頭から世界中で急速に感染拡大し、未だに世界的な混乱がもたらされている。このコロナ禍によって健康被害だけでなく、経済にも深刻な打撃がもたらされている。非常事態宣言が発令され、感染封じ込めのために人々の行動（主に外出）を制限する「ロックダウン」（都市封鎖）の措置が取られた都市も出るほどだった。飲食店や観光産業など多くの事業が打撃を受け、非正規労働者の雇い止めなどが起こり、経済的に困窮する人たちがちまたにあふれた。

　政府は就労や資産の有無にかかわらず、基準日（2020年4月27日）において、住民基本台帳に記録されている者すべてを対象に「特別定額給付金」として10万円を支給した。このような「特別定額給付金」の支給を契機に、収入や資産の状況を支給要件としないベーシックインカムを生活保護制度に代わる生活困窮者対策として導入することに期待の声があがっ

ている。ベーシックインカムがどのように生活に困窮する人たちの自立を支援するのか、これまで述べてきたことを振り返り考えてみたい。

　日本においては韓国と異なり、アクティベーションという政策は「学習支援」などを除き、十分に取り入れられることはなかったが、政権交代に伴い極めて厳しい就労支援が実施された。そして前述したように、コロナ禍によって生活困窮者への所得保障対策としてのベーシックインカムに注目が集まっている。

　これまでも日本では現行の生活保護制度が進めてきた稼働能力者に対する申請手続きの複雑さ、著しく低い保護率、スティグマの付与や劣等処遇などを解消する方策として資産調査や収入調査を行わず、誰にでも一律に金銭を給付するベーシックインカムへの期待が生まれていた（小沢 2002、山森 2009）。例えば、山森はベーシックインカムを進める運動が、今の所得保障の仕組み（生活保護など）の中での取り組みを否定するのかという議論に対して、「現行制度の中で少しでもまともな給付を求めること、現行制度の改悪を許さないことは全くベーシックインカムの要求とは矛盾しない」と答えている[1]。

　このように、現在の生活保護制度に関わる課題の解消策としてベーシックインカムを支持するものがある。その一方で政府の役割を小さくし、行政機能を縮小し、市場を重視する「新自由主義」的な改革を求めるベーシックインカムも登場している。この「新自由主義」的なベーシックインカムは社会保障制度の簡素化と企業の経済活動を進めることを主張する。例えば、堀江貴文は地方公務員のリストラ、法人税の引き下げと消費税増税、年金、介護・福祉、公共事業の削減を行えば、ベーシックインカムを導入するための財源を確保できると語っている[2]。そして「リストラしやすい、派遣労働者を安く雇おうとする」労働市場を整備するという。堀江は企業における経済活動の活性化を優先し、「ある程度のセーフティネットが

---

1 山森亮（2009）『ベーシック・インカム入門——無条件給付の基本所得を考える』光文社 , 274 頁 .
2 新田ひかる／星飛雄馬（2009）「ベーシック・インカムは可能である」『やさしいベーシックインカム』サンガ , 207-247 頁 .

確保される」ことで良しとしている。このため、生活保護ケースワーカーの削減などによって必要な社会保障経費が削減できることをメリットだという。そして、堀江は自らが主宰するイノベーション大学校で5名を対象にベーシックインカムについての社会実験を行っている。5名の被験者には、毎月10万円が支給され、月ごとのレポート提出が義務づけられ、動向を調査されている。被験者たちは10万円をもとに、自らがめざす目標に向かってアクティブな活動に取り組み、それを報告している。彼らは「格闘技大会に出たい」「芸能活動をしたい」「カレー屋を運営したい」など何らかの目標を掲げて生活している。これらの目標への動機づけは、堀江貴文イノベーション大学校（HIU）のメンバーによる支えが働いている。彼らは生活困窮へと落層したのではなく、新たな希望に向かって転職した人たちであり、多くの友人、仲間などに支えられている。彼らは落層過程で多くのものを失った生活困窮者とは異なる状況にある人たちなのである。

「新自由主義」的なベーシックインカムについては2012年当時、大阪市長であった橋下徹が率いる大阪維新の会も唱えている。「真の弱者」支援に徹するために、課税後所得の一定額を最低生活保障とみなす「負の所得税（努力に応じた所得）」と「ベーシックインカム（最低生活保障)」を導入することを公約に掲げていた。[3]つまり、「真の弱者」を救済することができない生活保護制度を見直すべきだという主張である。

そして、この「新自由主義」的なベーシックインカムを今すぐに導入すべきだという論もある。竹中平蔵は、「新型コロナ対策としての10万円の特別定額給付金が、ベーシックインカムを導入する入り口を作った」と主張する。ベーシックインカムを導入することで、生活保護は不要となり、年金も要らなくなる。これらを財源にすることで、新たな財政負担なしに制度を作れる。少しずつ制度を変えようとすると、絶対に実現できない。既得権益を守ろうとする人たちが必ず出てくるからだ。社会主義国が資本主義にショック療法で移行した時のように、一気にやる必要がある。

---

3 橋下徹（2012）「『維新八策』最終案の全文　掲載しました」橋下維新ステーション
https://h-ishin.com/ishin-party/347/（2020.3.8確認）

今がそのチャンスだと主張する[4]。

　このようにベーシックインカムは、生活保護制度に伴うスティグマなどを解決するという問題意識を持つものと、コストのかかる生活保護制度や年金制度の代替として実施するという新自由主義的なものに区別できる。どちらも格差の解消を主張し、既存の所得保障の仕組みを見直すことでは共通する。しかし、後者の新自由主義の危険性は、現在の生活保障制度の問題解消ではなく、生活保護制度そのものの縮小・簡素化を目指している点にある。多くの保護利用者は、落層過程で多くのものを失う。仕事、友だち、家族、住居、最後には生きる希望もである。そして最後に頼るのが公的なセーフティネットなのだ。その点、堀江たちが行う「新自由主義」的なベーシックインカムの社会実験では、多くの仲間や友人に支えられ、新たな希望に向かって歩んでいる人たちが被験者だ。堀江の実験は被験者の選別段階から、現行の生活保護制度の問題点を解決するものとはなっていない。

2．生活保護制度にみる「普遍的」な「最低」生活保障

　このようなベーシックインカムに対して、歴史学者で哲学者でもあるユヴァル・ノア・ハラリは、普遍的な最低生活保障について「裕福な人（テンセントの経営陣やグーグルの株主）と貧しい人（最低生活保障に依存している人）の格差は拡がるばかりではなく、埋めることが不可能になりかねない」と指摘する。これは、金銭給付ではなく現物給付を行う最低サービス保障であっても同じことだという。つまり、普遍的な「最低生活保障」あるいは「最低サービス保障」における「普遍的」と「最低」が持つ意味が問題である[5]。

---

4 竹中平蔵（2020）「竹中平蔵　ベーシックインカム，今が導入の好機」https://news.goo.ne.jp/article/economist/business/economist-20200715180639888.html?page=1（2020.8.18 確認）
5 ユヴァル・ノア・ハラリ（2019）『21Lessons——21 世紀の人類のための 21 の思考』（柴田裕之訳）河出書房新社 , 62 頁.

ハラリが指摘する「普遍的」な「最低生活保障」あるいは「普遍的」な「最低サービス保障」における「普遍的」と「最低」について、日本ではどのような状況にあるのか、生活保護制度基準の見直しの動向を示したい。

(1) 生活保護費削減による「最低」生活保障の見直し

　第2章「『切れ目のない就労・自立支援とインセンティブの強化』という自立論を考える」で示したとおり、「生活保護基準の引き下げ」「切れ目のない就労・自立支援とインセンティブの強化」という手法を使った第四次「適正化」政策が進められている。

　「生活保護基準の引き下げ」は2013年から3年間、そして2018年からの3年間という2回にわたり実施された[6]。現在、2013年からの第一次生活保護基準の撤回を求め、全国28カ所の地裁で1000人を超える利用者が国などを訴えている。そして2020年6月25日、全国の先駆けとなる裁判が名古屋地裁で行われ、「生活保護基準の引き下げは厚生労働大臣の裁量権の範囲内である」とし、原告の訴えをすべて棄却する判決が下された[7]。

　政府は、2013年から2015年までの3年間で、生活保護費のうち日常の生活費にあたる生活扶助費を670億円削減した。そのうち90億円分は世帯の人数や地域による保護費の偏りの調整といった「ゆがみ調整」によるもの、580億円分は2008年から2011年までに物価が4.78％下落したことを反映させた「デフレ調整」だと説明している。

　しかし、生活保護費の引き下げは衆議院選挙で政権に返り咲いた2012年の自民党の選挙公約として掲げられていた[8]。このため原告側は、政権

6　2013年度には、生活扶助基準額の他にも住宅扶助基準額、冬季加算の引き下げが行われている。また、2018年10月からは生活保護基準額に加え児童養育加算及び母子加算の引き下げも実施された。
7　2021年2月22日、大阪地方裁判所は、「国の判断の過程や手続きは最低限度の生活の具体化という観点からみて誤りで、裁量権の逸脱や乱用があり、生活保護法に違反し、違法だ」と結論づけ、原告に対する支給額の引き下げを取り消した。（NHK NEWS WEB https://www3.nhk.or.jp/news/html/20210222/k10012880321000.html 2021.2.23確認）
8　自民党（2012）「『手当より仕事』を基本とした生活保護の見直し」https://www.jimin.jp/policy/policy_topics/recapture/pdf/062.pdf（2020.12.10確認）

に忖度して厚生労働省が「生活保護費の10％削減ありき」で基準改定を進めたのではないかと訴えていた。これに対し、国側は生活保護基準の引き下げは生活保護法8条に基づく「厚生労働大臣の裁量権の範囲」と反論した。これは「大臣の裁量は関連規定によって条件付けられた範囲に限定される」と主張した原告側と対立していた。そして判決が下り、判決文には厚生労働省が自民党の公約の影響を受けていたことを認める記述があった。しかし「自民党の政策は、国民感情や国の財政事情を踏まえたもの」として、生活保護基準の引き下げに自民党の影響があったとしても違法とは言えないとした。

　裁判において厚生労働省は、この生活保護基準の引き下げについて、決定にあたり専門家部会の了承を得たと説明していた。しかし、生活保護基準部会で部会長代理を務めた岩田正美氏（日本女子大名誉教授）が、デフレ調整については議論すらしていない、「部会では『ゆがみ調整』で扶助費を増額すべき世帯もあると報告した。私たちは財政削減のために利用されたのかもしれない」と証言している[9]。これに対し、判決では生活保護基準の改定にあたって社会保障審議会の検討結果を踏まえることは「通例であった」と認めながらも「審議会等の専門家の検討を経ることを義務づける法令上の根拠は見あたらない」と説明している。これは審議会には意見を求めさえすればよく、検討結果とは違う引き下げがなされたとしても、違法ではないという見解が示されたともいえる。さらにこの判決ではたとえ引き下げ幅の算出で、物価を比較する年の品目数が違うなど異例の方式を採用し、数値操作をしていたとしても、裁量権の逸脱や乱用は認められないと説明している。このように、判決は最低生活保障という仕組みが科学的知見を逸脱してもよく、恣意的にデータの選択を行っても、厚生労働省の裁量内であり、生活保護基準が引き下げられることを容認するというものだった。

---

9 石黒好美（2020）「生活保護引き下げを巡る裁判　原告敗訴も判決で『自民党の影響』と異例の記述　名古屋地裁」https://news.yahoo.co.jp/articles/7bc66c42d7b33afc5c662edb75570759e474e936（2020.9.2確認）

しかし、万一、法的に問題ないとしても、生活保護基準というものが最低生活を保障するように設計されていないこと、厚生労働大臣の裁量、つまりあらかじめ設定された予算額内にすることは適格性に欠けるのではないだろうか。このような恣意的な生活保護基準の引き下げによって、「最低」生活保護基準以下の収入しか得られない経済状態の世帯のうち、実際に生活保護を利用している割合である捕捉率がさらに下がり、保護から漏れる人たちが増えるのではないだろうか[10]。

(2) 社会福祉サービスを形骸化させる政策

　このような生活保護制度における見直しに加え、新たに上意下達の構造を強化する仕組みが導入されようとしている。具体的には、会計年度任用職員制度の導入、ケースワーク業務のアウトソーシング化、社会福祉士専門職教育からの生活保護の軽視である。そして、「普遍化」を掲げながらも対象者を「選別化」するベーシックインカムである。

会計年度任用職員制度によるケースワーカー

　自治体職員は、1994年の328万人をピークとして、定員「適正化」やアウトソーシング、市町村合併による組織機構再編などにより、25年連続で減り続けた。具体的には、2006年から2016年までに自治体の正規職員が約26万人減少して274万人となり、非正規職員が約21万人増え64万人となった。この点から、減らされた正規職員が非正規職員に置き換えられている実態がうかがえる。ちなみに、自治体の非正規職員の割合は、2016年で全体の32.7％を占め、ケースワーカーでは11.6％を占めている。

　これまで自治体で働く臨時・非常勤職員は、月収16万6666円（年収換算200万円）未満が79.43％というように「官製ワーキングプア」と呼

10　厚生労働省社会・援護局保護課（2010）「生活保護基準未満の低所得世帯の推計について」では、捕捉率が収入だけで計算しても1〜2割、資産を考慮しても2〜3割であるとの試算がある。https://www.mhlw.go.jp/shingi/2010/04/dl/s0409-2d.pdf（2020.9.2 確認）

ばれる状態にあった。さらに自治体は臨時・非常勤職員に対し、低賃金にとどまらず、雇用中断（空白期間）を設け、退職手当や社会保険の適用を行わず、年休の繰り越し付与を認めていない。

このような「官製ワーキングプア」問題を解決し、同一労働同一賃金を確保するという目的で導入されたのが「会計年度任用職員」制度である。「特別職」が専門知識や経験のある人、「臨時的任用」が常勤職員に欠員が生じた場合、というように取り扱いを厳格化した。そして、「特別職」や「臨時的任用」以外の嘱託職員等の非正規職員を、一般職の非常勤職員である「会計年度任用職員」と位置づけた。しかし、実態としては「地域手当や期末手当が支給されるようになったが、その分、月給が減額された」など、依然として正規職員とは賃金などの労働条件面で格差を残したままである。

このような問題を抱えながらも会計年度任用職員は、「一般職の地方公務員」として位置づけられることになる。地方公務員法による服務規定により命令従事義務、信頼失墜行為の禁止、秘密を守る義務、職務専念義務など義務や懲戒の対象となり、責任については正規職員並みとなる。

これは、2006 年に地方自治法第 172 条、第 173 条が改正され、事務吏員と技術吏員を「職員」とする見直しにより、ケースワーカー業務における変化がもたらされたことに続く大きな見直しである。2006 年の地方自治法の見直しに伴い、社会福祉法第 19 条の社会福祉主事の資格等の見直しが行われた。都道府県又は市町村の補助機関の要件が「吏員であること」から「職員であること」にされた。つまり、社会福祉主事（ケースワーカー）は正規職員である「吏員」でなくても、非常勤職員や嘱託職員という正規職員以外の「職員」であれば任用できるようになった。

そもそも保護利用者は、保護の実施機関から「指導及び指示」を受けた場合、生活保護法第 62 条「指示等に従う義務」により、これに従わなければならないと規定されている。そして第 62 条第 3 項では、保護の実施機関は、被保護者（保護利用者）がこれに違反したときは、保護の停止又は廃止という行政処分ができるとされている。実質的に実施機関が行う

「指導及び指示」については、ケースワーカーが担当することになる。

　ただし、守秘義務などの義務規定や懲戒処分の対象とならない臨時・非正規職員は、生活保護法第27条「指導及び指示」の業務を担当することが見送られ、保護を必要とする人からの求めに応じて行う第27条の2「相談及び助言」など行政処分の伴わないものを担当するにとどまっていた。

　しかし、会計年度任用職員が一般職の地方公務員として義務規定や懲戒処分の対象となったため、生活保護法第27条による「指導及び指示」という行政処分を伴う行為を担当することができるようになった。弱い立場であるまま一般職の地方公務員となった会計年度任用職員が新たに第四次「適正化」政策の推進者となり、生活保護法第27条「指導及び指示」を乱発し、実施機関の意に添わない保護利用者を生活保護から排除することができる仕組みを強化したともいえる。

ケースワーク業務のアウトソーシング化

　国と地方自治体との間で2017年12月5日に「生活保護制度の見直しについて（生活保護制度に関する国と地方の協議のとりまとめ）」という協議がまとめられている。具体的な内容は、「稼働能力のある者に対する就労支援や不正受給対策等の業務を効率的・効果的に行う観点から、ケースワーク業務の重点化や外部委託のあり方、生活困窮者自立支援制度との連携に関し、関係者で議論を深めていく必要がある」というケースワーク業務の見直しについての合意である。

　さらに内閣府は「令和元年の地方からの提案等に関する対応方針」(2019)により、生活保護法第27条の2「相談及び助言」の業務を外部委託化することを俎上に載せた。これは市川市、松戸市、美濃加茂市、大阪府、高松市、熊本市などの地方自治体側から「生活保護の決定及び実施に関連するケースワーク業務のうち、高齢者世帯への定期的な訪問や、被保護者からの簡易な電話問い合わせなどの一部業務について外部委託化を

可能とする」という提案を受けた形で出されている[11]。そして、この意見に対して「福祉事務所の実施体制に関する調査結果や地方公共団体等の意見を踏まえつつ、現行制度で外部委託が可能な業務の範囲について2020（令和2）年度中に整理した上で、必要な措置を講ずる」「現行制度で外部委託が困難な業務については、地方公共団体等の意見を踏まえつつ、外部委託を可能とすることについて検討し、2021（令和3）年度中に結論を得る。その結果に基づいて必要な措置を講ずる」と閣議決定している。

　つまり、これは市川市など地方公共団体の意見から出された提案である。そして、検討のための調査として「自治体の社会福祉行政職員の業務や役割及び組織体制等の実態に関する調査研究事業」（2018年3月、一般財団法人日本総合研究所）、「福祉事務所における生活保護業務の実施体制に関する調査研究事業」（2020年2月、日本ソーシャルワーク教育学校連盟）が実施されている。この「自治体の社会福祉行政職員の業務や役割及び組織体制等の実態に関する調査研究事業」の内容は、1248カ所の福祉事務所（所長1名、査察指導員1名、現業員3名）を対象にしたアンケート調査（回収数 福祉事務所長873：70.0％、査察指導員958：76.8％、現業員2620：70.0％）である。この調査では社会福祉主事資格の有無により、困難さを感じる項目としてアセスメントやストレングス・アプローチなどの援助技術、「保護の実施」段階における「被保護者の努力や意欲を尊重し受け止める」こと、「必要な時に連携を図ることができるよう、社会資源との関係づくりを行う」ことなどがあげられている。これらの項目の多くで、ケースワーカーの経験年数が長くなるほど困難さを感じる割合が低減している。また、各福祉事務所における業務負担の軽減についての取り組みは、「嘱託職員等の雇用を図り、業務分担を行っている」が60.7％を占めた。次に、「福祉事務所内で業務改善に向けた検討を行っている」割合も

---

11 厚生労働省（2019）「令和元年 地方分権改革に関する提案募集 提案事項」50-52頁，https://www.cao.go.jp/bunken-suishin/doc/tb_r1_ko_kekka_12_1_3mhlw.pdf?fbclid=IwAR3tZYkzDDs4H_OTIkl0TnoFFl8e5OmNc7Fm5w0ndsMQlrcpVk_Rg3Jw5gk（2020.8.18確認）

49.1％を占めた。最後に、「業務マニュアルやアセスメントシート等の作成・活用」や「ICT等の機器を活用した事務処理を行っている」が30％弱となっている。福祉事務所長へのアンケートでは、「職員体制の見直し」（人員増、標準世帯数の見直し、嘱託職員や事務職員の活用による業務分担、費用補助等）を求める意見とともに、「システム等の活用」（ICTの活用と費用補助、マイナンバーシステムとの連携、統一様式システムの作成等）、「制度運用の簡素化、事務処理負担軽減」の必要性などがあげられている。

　次に、日本ソーシャルワーク学校連盟に委託された「福祉事務所における生活保護業務の実施体制に関する調査研究事業」の内容は、全国1247カ所を対象としたアンケート調査（回収数858カ所、回収率68.8％）と、指定都市5カ所、中核市3カ所、一般市4カ所を対象としたヒアリング調査である。ここでの調査項目は、公務員であるケースワーカーについて「新規申請処理及びこれに付随する事務」「その他被保護世帯に対する事務（保護費計算、稼働能力調査、病状調査、資産・収入調査、扶養能力調査）及びこれらに付随する事務」「相談者や要保護者からの面接相談への対応や付随する事務」「被保護者の入院先や入所施設、関係機関からの相談や苦情への対応や付随する事務」など、法定受託事務である保護の決定及び実施に関わる内容が主たる業務の中心となっている。そして、回答結果からケースワーカーの業務負担が大きく、負担軽減は喫緊の課題と指摘している。

　これらの2つの調査は、現行の福祉事務所において、ケースワーカーが極めて多くの業務を抱えており、ケースワーク業務を外部委託するという改善が必要な状況を裏付けする役割を果たしている。このような調査を受けて2020（令和2）年度中に整理した上で、必要な措置を講ずるという段階に至っている。

　相談業務のアウトソーシングを積極的に進める大阪市では、保護利用者が就職し、保護廃止となった場合、民間事業者への委託料に加算する仕組みができあがっている。大阪市は、2011年度より「総合就職サポート事業」をパソナなどの民間事業者に業務委託している。各区にある保健福祉センターに派遣された民間事業者の職員は、利用者への就職アドバイスや

履歴書の書き方を教えるなどの業務を行っている。この契約書の特約条項によれば、同支援によって保護利用者が就職し、保護廃止になった場合、保護申請中の人が就職し利用に至らなかった場合に1人あたり6万1111円が委託料に加算される。また、職場に定着した場合は、さらに加算が行われる。逆に、支援を受けた人の就職率が50％未満であれば、基本委託料から割合に応じた減額がされる。

　このような取り組みの結果、2019年度の「総合就職サポート事業」による就職者数は2732人、保護廃止件数は146件である。特約条項に基づく加算額の合計金額は1674万9797円となるという。就職者の就労先の多くがパートであり、「成果」に応じて「報酬」が上がったり下がったりする成果主義による仕組みは、意に反する強引な就職支援につながりかねないと危惧される。

福祉事務所の民間化を進める社会福祉連携推進法人

　2020年6月、「地域共生社会の実現のための社会福祉法等の一部を改正する法律」が可決され社会福祉法が改正された。改正理由は、地域共生社会の実現を図るため、地域住民の複雑化・複合化した支援ニーズに対応する包括的な福祉サービス提供体制を整備する観点から、「市町村の包括的な支援体制の構築の支援」「社会福祉連携推進法人制度の創設」などを実施するという。その他にも「地域の特性に応じた認知症施策や介護サービス提供体制の整備等の推進」「医療・介護のデータ基盤の整備の推進」「介護人材確保及び業務効率化の取組の強化」などが実施項目として挙げられている。[12]

　まず、「市町村の包括的な支援体制の構築の支援」では、地域住民の複雑化・複合化した支援ニーズに対応する市町村の包括的な支援体制を構築するため、社会福祉法、介護保険法、障害者総合支援法、子ども・子育て

---

12 厚生労働省（2020）「地域共生社会の実現のための社会福祉法等の一部を改正する法律案」（令和2年3月6日提出）https://www.mhlw.go.jp/stf/topics/bukyoku/soumu/houritu/201.html（2021.2.19確認）

支援法及び生活困窮者自立支援法に基づく事業を一体のものとする重層的支援体制整備を、市町村が実施できることとした。そして、その受け皿として社会福祉事業に取り組む社会福祉法人やNPO法人等を社員として、相互の業務連携を推進する「社会福祉連携推進法人制度」が創設される。社会福祉法人やNPO等などの法人を「社員」とする新たな法人である。つまり、福祉事務所が担ってきた相談支援業務を、地域住民の抱える課題の解決のための「包括的な支援体制の整備を行う」という名のもとに外部委託することが可能になる受け皿ができる。

　地域共生社会、地域福祉の推進、包括的支援の実現などを提起する中で、最低生活保障のために必要とされる社会福祉サービスの形骸化が実施される恐れがある。ハードなワークフェア政策を採用するアメリカでは、すでに福祉事務所が業務委託によって民間化されている[13]。木下武徳は、委託契約によって民間化が進められることの問題点を三点あげている。まず、第一に委託契約を前提とした政府との関係では、政府の政策に対して批判ができなくなったり、あるいは独自の活動を展開しにくくなる。第二に、委託契約に伴う規制や監視を通して、「民間団体の政府化」(Governmentalize the Private Sector) といった独占化が進み、改善への取り組みが弱まり、業務がブラックボックス化し、モニタリングが機能しなくなる。第三に、二次委託や下請けの仕組みを通して、様々な手続きが多層化するので、全体の透明性が損なわれる。

　これらの問題解決のために、第一に、社会福祉政策の意思決定やモニタリング、委託契約への参加のためにソーシャルワーク専門職の確保と介在の必要性をあげる。さらに第二に公的機関におけるサービス提供の必要性をあげる。第三に、利用者・グループが組織化され、民間団体のサービス・プログラムへの計画・実施に参加・参画し、暮らしに関わる不満や意見、提案を汲みとり、サービスに改善に向けて民間団体への第一の批判的協力を作り上げるように、当の民間団体を支援していかねばならない。民

13　木下武徳（2005）「営利企業に委託されるアメリカの福祉事務所」総合社会福祉研究所, 44-45頁.

間団体の中では解決できない問題について、民間団体は利用者の主張を地域社会や政府に訴え、または利用者が直接に訴えることを支援すべく、政府との第二の批判的協力関係を作り上げなければならないと主張する。[14]

　ただ、現在の状況では、ケースワーカーの補充もなく、専門職制度も軽視される中で、民間の良さを引き出し、利用者との間に第一や第二の取り組みや第3の批判的協力関係を作る方向へと改革が進められているようには見えない。単に業務の外部化による経費削減のみ追求しているように見える。

福祉専門職養成課程における教育内容の見直し

　このようなケースワーク業務の外部委託化とともに実施されているのが、2020年4月からの社会福祉士、精神保健福祉士の養成課程における教育内容の改訂である。変更点として目につくのは、まず「生活保護」と「行財政（行政＋財政)」が科目名から消えることだ。現在、社会福祉士・精神保健福祉士のいずれの養成課程にも、科目「低所得者に対する支援と生活保護制度」と「福祉行財政と福祉計画」が含まれているのだが、これらが科目名としては消滅する。含まれる内容は、新設される「貧困に対する支援」「地域福祉と包括的支援体制」などの科目で習得することになる。いずれにしても、科目名から「低所得者」「生活保護」「行財政」が消えるということは、科目名の具体性や「低所得者」に対する「生活保護」というセーフティネット機能を考えるという側面が削ぎ落とされてしまう。「低所得者」「生活保護」を削除することによって、政府や地方自治体が支援すべき責任と生活困窮者がみえなくなってしまう可能性がある。このように司法や教育までもが、政府が進める生活保護制度の縮小化を推進する状況が生まれている。生活保護制度の縮小化は、最低生活基準以下で生活する人を増加させ、生活困難な状況への支援を自己責任の問題に転嫁する。

14　木下武徳（2007)『アメリカ福祉の民間化』日本経済評論社 , 199-204頁.

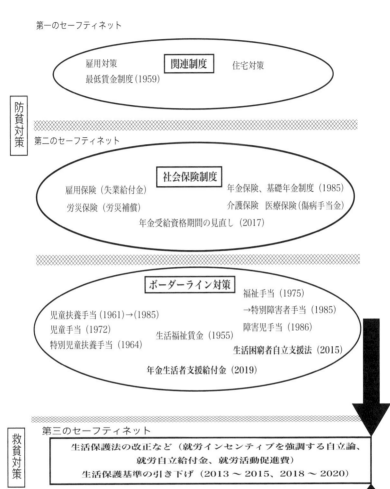

第一のセーフティネット

関連制度
雇用対策　　　　　　　住宅対策
最低賃金制度（1959）

防貧対策

第二のセーフティネット

社会保険制度
雇用保険（失業給付金）　　　年金保険、基礎年金制度（1985）
労災保険（労災補償）　　　　介護保険　医療保険（傷病手当金）
年金受給資格期間の見直し（2017）

ボーダーライン対策
　　　　　　　　　　　　　　　福祉手当（1975）
児童扶養手当（1961）→（1985）　→特別障害者手当（1985）
児童手当（1972）　　　　　　　　障害児手当（1986）
特別児童扶養手当（1964）　生活福祉賃金（1955）
　　　　　　　　　　　　　　　生活困窮者自立支援法（2015）
年金生活者支援給付金（2019）

救貧対策

第三のセーフティネット

生活保護法の改正など（就労インセンティブを強調する自立論、
就労自立給付金、就労活動促進費）
生活保護基準の引き下げ（2013〜2015、2018〜2020）

生活保護制度の縮小

アンダーグラウンドなセーフティネット

炊き出し、寄せ場、ドヤ、風俗、ゼロゼロ物件、刑務所、ネットカフェ

図 6.1：縮小する最後のセーフティネット

筆者作成

194

これまでみてきたように会計年度任用職員制度の導入、ケースワーク業務のアウトソーシング化、福祉事務所の民間化及び社会福祉士専門職教育の見直しという社会福祉サービス提供体制が整備されている。さらに「新自由主義」的ベーシックインカム導入が主張され、生活保護基準が引き下げられようとしている。

　日本の社会的セーフティネットは図6.1のとおり、「最後のセーフティネット」と呼ばれる生活保護制度が縮小され、生活保護への侵入を防ぐ生活困窮者自立支援法が整備される仕組みとなっている。今こそ生活保護制度を充実させること、選別主義的制度の「拡充[15]」が必要となっている。

おわりに

　生活保護制度が創設されてから最大の問題点として指摘された「超低保護率、保護手続きの複雑さ、スティグマ（恥の烙印）」は、改善の方向に向かっているのだろうか。いや、今もなお生活保護制度では、「自立助長」あるいは「自立支援」という名のもと手法を変えて保護から退出することを進める就労自立論が展開されている。この特徴は生活保護基準を引き下げ、生活困窮者自立支援法や低所得者への年金制度の見直しなど、従来の行政運用によるものから法的見直しを行うものとなっている。そして、さらに生活保護制度を縮小し、「自立支援」の名のもとに社会福祉サービスを極めて限定的なものへと変更する新自由主義的なベーシックインカムの導入への主張もある。しかし、現代の保護利用者には「金をやるから働け」と命令されて、すぐに働ける人が何人いるのだろうか。その前に喪失した自信を取り戻したり、子育てのフォローをしたり、働く条件を整備しなければならない人がたくさん存在する。多様な課題を抱えている人が存在する時代となっている。このような人たちに、専門性をもったケースワーカーがしっかりと寄り添い、多様な社会福祉サービスを提供する必要があるだろう。

15　埋橋孝文（2011）『福祉政策の国際動向と日本の選択──ポスト三つの世界論』法律文化社 , 34 頁 .

今、まさに社会福祉における自立論は、新たな政策動向を前に歴史的転換点に立っている。しかし、社会福祉における自立論についての研究動向は、この重要な局面に危機感をもって立ち向かっているのだろうか。

　本書が目指した新しい自立論は、就労支援という課題においては第3章において就労支援事業参加者の4類型の課題から生まれた「自信を回復し、社会とつながることをめざす」「社会とつながる手段として働くことを選ぶ」「働くだけではなく、異なる生き方を選択する」、最低生活保障や社会福祉サービスなど「制度を活かして働く条件を整える」といった取り組みであった。そして、保護利用者の置かれている状況に応じた取り組みを行う地方自治体やワーキングプアを積極的に包摂した韓国といった現場実践に学ぶ必要性を強調した。これら現場実践こそが、単に就労自立に止まることではなく、障がい者運動が展開する最低生活保障や社会福祉サービスを活用して自分らしい生き方を支援する新しい自立論といえるであろう。

　さらに、今後の研究課題として生活保護制度が継続してもっている「超低保護率、保護手続きの複雑さ、スティグマ（恥の烙印）」の改善策として、複雑な保護申請を行わず、スティグマを付与しない、全ての人に無条件に給付を行うベーシックインカムについても紹介した。これが額面通り導入されれば基本的には賛成である。そうすれば超低保護率は解消されると考えている。

　しかし、日本における新しいセーフティネットの見直しは、保護適用の条件として就労を義務づけるハードなワークフェア、つまり保護期間を限定する有期保護、就労インセンティブの必要性を掲げる第四次「適正化」政策につながった。さらに、韓国における「選別主義から普遍主義へ」という政策目標を掲げた改革が最低生活保障という仕組みを形骸化した。これらのことを振り返れば、相談業務のアウトソーシングや包括的支援、「新自由主義」的ベーシックインカム導入には、慎重に対応することが必要であると考えている。

改めて問いたい、生活保護行政の自立論と障がい者運動の自立論という
ダブルスタンダードの存在を許してよいのだろうか。今の生活保護制度
は、誰にも等しく権利を保障しているだろうか、国民の最低生活を保障し
ているのだろうか、ケースワーカーは真に自立への支援を行っているだろ
うか。今こそ、「漂流」している研究の課題と方向性を提示する研究が必
要になっている。伝統的自立論を打ち破ろうとしてきた生活保護の現場実
践に光をあて当事者主体の「新しい自立論」を確立していく必要があるの
ではないだろうか。社会福祉における自立論は、就労自立を進め、福祉に
依存させないようにするものではない。社会福祉サービスを活用し、極端
に言えば依存し、人それぞれにふさわしい多様な生き方を尊重し、この厳
しい社会を生き抜くことを保障する「最低生活保障を活かし、主体的に自
らの人生を切り開く自立論」が必要となっている。

あとがき

　私が公務員として働いていた時のこと、生活保護課に配属されて3年目の年度末が近づき、次年度どのような仕事をしたいのか希望調書を提出した。希望調書には、「生活保護の仕事は、とてもやりがいがあるので一生続けたい」、「厚生省が進めている『適正化』に反対して、保護利用者の立場に立って仕事をしたい」と書いたが、その結果、卸売市場に配置転換となった。気落ちする私を、当時の課長（元同朋大学学長の武元勲先生）は、心配して何度か慰めてくれた。

　その後、卸売市場では、「生活保護職場に復帰したい」と希望調書を書き続けた。4年が経ち、生活保護職場と業務的に近い社会福祉協議会へ出向できた。武元先生が社会福祉協議会の次長として出向し、私を引っ張ってくれたのだ。そこでは、障がい者、児童養護施設の子どもたち、それを支える学区社会福祉協議会、民生委員、ボランティアなど、福祉に関わる住民のために一生懸命に仕事をした。それでも、役所からはあまり評価はされず、生活保護の仕事には戻れなかった。この悔しさを理解してくれたのが、公的扶助研究会のメンバーだった。彼らは多かれ少なかれ、私と同じく意に反して配置転換を経験していた。腐ることなく保護利用者の権利保障について熱く語っていた。いつか「生活保護の仕事に戻りたい」と

語っていた。このような仲間に支えられ研究運動に取り組むことで、住民を見て仕事をしていこうと、消えそうなやる気の灯をともし続けた。

　社会福祉士という国家資格ができ、生活保護の仕事に戻れるように資格を取った。介護支援専門員、いわゆるケアマネージャーという国家資格ができたときも資格を取り、生活保護職場への復帰を希望した。しかし、依然として、職場復帰は叶わなかった。それでも「生活保護職場に復帰したい」と希望調書を書き続け、ようやく3年後生活保護職場に復帰した。

　ところが復帰した生活保護職場は、荒れていた。面談室では、元暴力団員が大きな声を出して査察指導員にお金を出すことを迫っていた。地区担当ケースワーカーは同席せず、他の係の査察指導員やケースワーカーは、知らぬ顔で「家庭訪問がある」と外出していった。集団で不当要求に立ち向かう姿勢はみられなかった。結局、課長、課長補佐、係長（査察指導員）が、生活保護費800万円を元暴力団員に就職活動費の名目で支給していた。その後、3人が警察の取り調べを受け、最終的に不起訴処分となったものの、背後にある福祉事務所長、部長、助役、市長と元暴力団員との関係を知らない人はいなかった。市役所の中は、ややこしい問題に関わらない、必要最小限のことだけをやればよいという状況が生まれていた。

　生活保護の仕事を続けたいと通信教育で佛教大学の大学院修士課程に進学した。そして、修士論文を書いた後、大津市にある龍谷大学の大学院に公的扶助研究の第一人者、大友信勝先生が赴任され、「博士課程で学ばないか」と声をかけていただいた。その当時から研究誌に論文を投稿した。「運悪く」あるいは「運よく」といってよいのか、その論文が議員の目にとまり、議会での質問として取り上げられた。これに上層部は腹を立てたのだろうか、翌年、私は市民病院に配置転換となった。市民病院では、日本で初めての鳥インフルエンザの外来病棟立ち上げなど、やりがいは感じていた。しかし、私たち医事課6人の職員とともに、業務請負という形態で100人ほどの職員が低賃金で働いていた。彼らと比べればたくさんの給料をいただき、病院業務についてまったく素人であった私は、本当に勤務することが辛かった。さらに、博士課程に通うために朝は7時には

出勤するのだが、夜は5時30分に帰るという割り切った働き方が申し訳なく、業務請負で働いている皆さんの顔がまともに見られなかった。そんなことがきっかけで、あまり考えてもいなかった地方の短期大学への転職を決意した。

　私は、30年にわたる公務員生活を終え、2010年より福島県会津若松市にある会津大学短期大学部で教員生活をスタートさせた。大学での業務、学生たちとのやりとりに追われ、あわただしく1年が過ぎようとした3月11日に東日本大震災が起こった。研究室でパソコンに向かっていた私は、大きな揺れで倒れてくる本棚を支えきれず、床に倒れた。大きな怪我にはならなかったが、心配してくれたゼミ生たちが自宅や下宿のことよりも先に、私の研究室を片づけてくれた。

　春休みで三陸海岸沿い付近に帰省している学生の安否確認に追われていた。夜遅く帰宅する道すがら、自宅近くのコンビニ付近に多くの人が集まっていることに気づいた。何か「おかしいな」と感じながらも通り過ぎたが、日が経つにつれ人数が増え、福島の沿岸部から避難してきている人たちが会津若松「ふれあい体育館」に避難していることがわかった。

　ほどなくして、会津地方振興局の要請に応え、被災地後方部隊会津おにぎりセンター「元気玉プロジェクト」を組織し、市内にある体育館、公民館8カ所で炊き出しを始めた。朝5時30分から学生や住民の皆さんとおにぎりを作った。次に避難所でのニーズ調査を行い、遊び場のない子どもたちを支援することの必要性を感じ、「遊び支援」を始めた。また、4月末頃からは、被災家族がホテルや旅館など第二次避難所に移動するとともに、子どもたちの学習の遅れを心配する声が多く出たことから週2回の「学習支援」を始めた。このような関係で、大熊町や楢葉町の人たちと親しくなっていった。

　さらに、福島第一原子力発電所事故による放射線を逃れて避難してきた、福島市や郡山市などの母子避難家族とも交流を持つことができた。県内から自主避難してきた家族（以下、「県内自主避難者」）は、仮設住宅や支援金などが提供されず、厳しい状況に陥っている人たちだった。このよ

うな支援活動を実施しながら博士論文『社会福祉における自立論の変遷と今日的課題──生活保護制度における「自立支援」を中心として』を書きあげた。ボランティア活動と博士論文執筆の両立は、とてもきつかった。

その後、「学習支援」や県内自主避難者への支援を続けたが、父親の介護のことがあり、2014年度より神戸親和女子大学に赴任した。しかし、福島第一原子力発電所事故の被災者の方たちとの交流は続き、自主避難者の苦難を研究としてまとめ（編著）、『福島原発事故　漂流する自主避難者たち』(2016)、『福島原発事故　取り残される避難者』(2018) として明石書店から出版した。

しかし、赴任先の神戸市でも阪神・淡路大震災における被災者の方と交流をもつことができ、被災し、借り上げ災害復興公営住宅（借上公営住宅）を「入居期限が切れた」という理由で、退去を迫られている人たちがいることを知った。そこにいた多くの人は高齢であり、「豊か」とは言いがたい生活を送っていた。このような人たちを支援する研究にも加わった。

また、全国的に社会福祉という分野に魅力が薄れ、学生が集まらなくなった。大学でも学科長としての責務を負うことになった私は、様々な方法で社会福祉の魅力を伝えようとしたが、時代の流れに逆らうことはできなかった。このため私の所属する福祉臨床学科は、募集停止の措置をとることになった。

このような理由があって、多くの時間が過ぎ、私の専門とする社会福祉、生活保護における研究は後回しになった。このため私の専門である生活保護や貧困についての研究を世に問うことができるようになったのは、学科長を辞し、定年を目前とする時期だった。

現在、生活保護制度における最低生活保障という仕組みが形骸化されようとしている。さらには、当事者主体で社会福祉サービスが適用されることなく、生活保護制度からの追い出し策として「自立支援」が進められている。このような状況に歯止めをかけること、警鐘をならすことが今私にできることではないだろうか。これからも研究活動は続けていくつもりでいる。

本書は、私が初めて出版する単著です。亡くなった父親戸田忠典、現在、闘病中である母親喜代惠、単身赴任で迷惑をかけた家族の愛弓、愛矢、大樹に本書を捧げます。子どもたちの多感な時に家を留守にして、自らの好きな道を選んだことを許してほしいと思います。

　そして、私を弱者への支援という仕事へと向かわせてくださった元高槻高校・中学教員で俳人でもある茨木和生先生、関西学院大学で国際政治学を学ばせていただいた後藤峯雄先生、勤務していた大津市役所の先輩職員で現場での研究運動へと導いてくださった元同朋大学学長武元勲先生にもお礼を申し上げます。

　さらには、博士号取得の時の指導教諭であった聖隷クリストファー大学大学院教授大友信勝先生と調査分析でバックアップしてくださった龍谷大学名誉教授河村能夫先生、龍谷大学でお世話になった松渓憲雄先生、川田譽先生、大塩まゆみ先生にもお礼を申し上げたいです。

　さらに、社会福祉原論研究会での県立広島大学田中聡子先生、同じく湯川順子先生、静岡福祉医療専門学校磯野博先生、日本福祉大学青木聖久先生、皇學館大学鵜沼憲晴先生、大阪大谷大学船本淑恵先生、長野大学森田靖子先生、神戸親和女子大学權順浩先生、高田短期大学武藤敦士先生など多くの研究仲間のみなさんにもお礼を言わなければいけません。加えて、私を研究に向かわせてくれた元花園大学中川健太朗先生、元法政大学杉村宏先生、花園大学吉永純先生、元神戸女子大学松崎喜良先生、山梨県立大学下村幸仁先生、元京都市ケースワーカー今村雅夫さん、元大阪市ケースワーカー浦田克己さん、元東大阪市ケースワーカー山本八重子さんなどをはじめとする公的扶助研究運動の皆さんにもお礼を申し上げます。韓国における共同研究者、韓国保健福祉部許賢淑さん、ソウルサイバー大学李栖瑛さんにもお礼申し上げます。その他にも同志社大学の埋橋孝文先生、武庫川女子大学矢野裕俊先生、立命館大学の深澤敦先生、元明治学院大学の清水浩一先生、元静岡大学の三富紀敬先生、岡山県立大学周防美智子先生など多くの研究者からアドバイスや励ましの言葉をいただきました。そして大学の後輩である松原ヨーコさんにも文章をチェックしていただきまし

た。ありがとうございました。

　また、状況の厳しい中、出版をしていただいた明石書店の大江道雅社長、神野斉部長、編集者の長尾勇仁さんにもお礼申し上げます。

　なお、巻頭のイラストは、上司であった元同朋大学の武元勲先生に教えてもらった「軒下が相談室」という言葉をイメージしたものです。昔、働いていた大津市役所の後輩、倉井剛さんに無償で書いてもらいました。

　新人ケースワーカーであった時の私は、足しげく家庭訪問を行い、市民の苦労や希望などを聞きとりました。しかし、次第に家庭訪問が持つ意味が変化してきたように思います。収入や家族状況について的確に把握し、保護費支給の正確性だけが求められるようになってきました。1980年代に入り、多くの先輩が「適正化」を求める政府の政策に対して、「私たちは保護費の計算だけを行うけいさんワーカーではない」と嘆いておられました。そして、2000年代に入り、保護費の適正な支給のため多くの時間を使い、事務所でのデスクワークを行うことが当たり前になってきました。非正規職員によって家庭訪問を実施する自治体が増えていました。就労指導と収入の把握のみのため実施されていたといっても言い過ぎではありませんでした。そして、2020年代に入り、いよいよ家庭訪問などの業務がアウトソーシングされます。アウトソーシングされた業務は、大阪市の業務委託のように、一人働かせて廃止とすれば6万円が加算される。保護を廃止することを「自立」とする家庭訪問が実施されるのでしょうか。「軒下が相談室」という言葉のとおり、困っている人たちの小さなつぶやきにも耳を傾け、未来に希望を抱いてもらえるような「自立」を生み出す家庭訪問を実施してほしいものです。

　最後に、本書は日本学術振興会科研費研究「日韓ワークフェアにみる社会的自立支援システム構築への可能性」（課題番号 18K02136）、「『重要な他者』に着目した母子家庭の貧困克服プログラム開発」（課題番号 18K02111）、「児童生徒の問題行動予防プログラムの構築——問題行動と抑うつの関連に着目して」（課題番号 18K02156）の成果の一部であり、「神戸親和女子大学出版助成金」をいただきました。この場をお借りして深く御礼を申し上げます。

参考文献

青木紀編（2003）『現代日本の「見えない」貧困――生活保護受給母子世帯の現実』明石書店.

青木紀編（2003）『現代日本の「見えない」貧困観――「見えない貧困」を可視化する』明石書店.

秋山智久（2007）『社会福祉専門職の研究』ミネルヴァ書房.

朝日訴訟運動史編集委員会編（1971）『朝日訴訟運動史』草土文化.

朝日訴訟記念事業実行委員会編（2004）『人間裁判　朝日茂の手記』大月書店.

圷洋一（2008）「福祉国家における『社会市場』と『準市場』」『季刊社会保障研究』第44巻第1号.

アトキンソン, A・B.（2001）『アトキンソン教授の福祉国家論 I』（丸谷泠史訳）晃洋書房.

阿部敦（2008）『北九州市の地域福祉政策――強いられた支えあいネットの本質と新しい公共空間』大阪公立大学共同出版会.

阿部彩（2011）『弱者の居場所がない社会――貧困・格差と社会的包摂』講談社.

天池洋介（2018）「労働インセンティブによる福祉国家レジーム論――『底辺への競争』に対抗する福祉国家の可能性」『日本福祉大学社会福祉論集』第139号, 31-46頁.

池田恵利子／清水浩一／長谷川俊雄／吉永純／谷辺浩幸（2004）「政策研究講座 II『生活保護改革とケースワークを考える』第37回公的扶助研究セミナー『福祉制度「改革」と自治体再編の動きを住民とともに考えよう』レポート・資料集77-87頁.

池田恵利子（2005）「地域住民へのソーシャルサポートを基礎に、生活保護制度の再構築を」『賃金と社会保障』No.1397.

池田和彦（2007）「生活保護における『自立支援』の意味」『筑紫女学園大学・筑紫女学園大学短期大学部紀要』(2) 125-135頁.

池本美和子（1998）「二つの社会連帯――戦前日本の社会連帯思想とフランス連帯主義」『佛教大学大学院紀要』第26号.

石黒好美（2020）「生活保護引き下げを巡る裁判　原告敗訴も判決で『自民党の影響』と異例の記述　名古屋地裁」THE PAGE　https://news.yahoo.co.jp/articles/7bc66c42d7b33afc5c662edb75570759e474e936（2020.9.2 確認）

石橋敏郎（2007）「生活保護と自立：就労自立支援プログラムを中心として」『社会保障法』22, 41-53 頁.

今村雅夫／清水浩一／岡部卓（2003）「討論 生活保護の共通の実践課題と『自立の助長』の分離論と統合論をめぐって生活保護法におけるソーシャル・ケースワークは、いかにあるべきか」『季刊公的扶助研究』第 190 号.

岩田正美（1995）『戦後社会福祉の展開と大都市最底辺』ミネルヴァ書房.

岩田正美（2000）『ホームレス／現代社会／福祉国家――「生きていく場所」をめぐって』明石書店.

岩田正美／八田達夫／後藤玲子（2004）「対談　所得保障と就労支援――日本におけるワークフェアのあり方」『海外社会保障研究』No.147, 19-28 頁.

岩田正美（2016）『社会福祉のトポス』有斐閣.

岩田正美（2017）『貧困の戦後史　貧困の「かたち」はどう変わったか』筑摩書房.

岩永理恵（2011）『生活保護は最低生活をどう構想したか――保護基準と実施要領の歴史分析』ミネルヴァ書房.

ヴェルナー，ゲッツ・W.（2007）『ベーシック・インカム　基本所得のある社会へ』（渡辺一男訳）現代書館.

ウォーカー，アラン（1995）『ソーシャルプランニング　福祉改革の代替的戦略』（青木郁夫・山本隆訳）光生館.

宇都宮健児／湯浅誠（2009）『反貧困の学校 2』明石書店.

埋橋孝文（2011）『福祉政策の国際動向と日本の選択――ポスト「三つの世界」論』法律文化社.

埋橋孝文編著（2013）『生活保護（福祉＋α）』ミネルヴァ書房.

浦田克己（2007）『生活保護物語―「落とし穴社会」半世紀の現実から』日本機関誌センター.

江口英一（1979-1980）『現代の「低所得層」』（上・中・下）未来社.

江口英一編（1981）『社会福祉と貧困』法律文化社.

江口英一／川上昌子（2009）『日本における貧困世帯の量的把握』法律文化社.

エスピン - アンデルセン，G.（2001）『福祉資本主義の三つの世界』（岡沢憲芙・宮本太郎監訳）ミネルヴァ書房.

江戸川区広報課（2018）「広報えどがわ」平成 30 年 3 月 20 日, https://www.city.edogawa.tokyo.jp/documents/11598/300320_45.pdf（2020.12.15 確認）

大阪市生活保護行政問題全国調査団編（2014）『大阪市の生活保護でいま、なにが起きているのか――情報公開と集団交渉で行政を変える』かもがわ出版.

大沢真理 (2007)『現代日本の生活保障システム』岩波文庫.

大竹文雄 (2005)『日本の不平等：格差社会の幻想と未来』日本経済新聞社.

大友信勝 (1984)「生活保護行政の現状と課題」『日本福祉大学研究紀要』第58号.

大友信勝 (2000)『公的扶助の展開——公的扶助研究運動と生活保護行政の歩み』旬報社.

大友信勝 (2001)「セーフティネットの社会福祉学——生活保護改革の課題」『東洋大学社会学紀要』第3912号.

大友信勝 (2004)『福祉川柳事件の検証』筒井書房.

大友信勝 (2010)「社会福祉からみるセーフティネットの課題」『社会福祉学』第51巻2号, 51-52頁.

岡部卓 (2003)『改訂福祉事務所ソーシャルワーカー必携——生活保護における社会福祉実践』全国社会福祉協議会.

岡部卓 (2018)『生活困窮者自立支援——支援の考え方・制度解説・支援方法』中央法規出版.

小川栄二 (2017)「公的扶助・相談機関とケースワーク——1970年代以降の変容と私の体験」『立命館産業社会論集』第53巻第1号.

小川政亮 (1964)『権利としての社会保障』勁草書房.

小川政亮 (1992)『社会事業法制 第4版』ミネルヴァ書房.

小川政亮 (2007)『小川政亮著作集7 社会保障権と裁判』大月書店.

小川政亮 (堀木訴訟運動史編集委員会編集代表) (2007)『堀木訴訟運動史』法律文化社.

奥森祥陽／河村直樹／布川日佐史 (2013)「就労・自立支援の『基本方針』と就労支援のあるべき姿——法改正を待たずに始まっている生活保護の就労・自立支援の変化」『賃金と社会保障』No.1596.

小倉譲二 (1996)『福祉の深層』法律文化社.

小野哲郎 (1986)『ケースワークの基本問題』川島書店.

小野哲郎／白沢久一／湯浅晃三監修, 杉村宏／河合幸尾／中川健太朗／湯浅晃三編著 (1997)『現代の貧困と公的扶助行政』ミネルヴァ書房.

小野哲郎／白沢久一／湯浅晃三監修, 小野哲郎／津田光輝／岡田征司／池田英夫編著 (1997)『公的扶助と社会福祉サービス』ミネルヴァ書房.

小野哲郎／白沢久一／湯浅晃三監修, 松崎喜良／藤城恒昭／戸田隆一／笛木俊一編著 (1997)『福祉事務所と社会福祉労働者』ミネルヴァ書房.

小沢修司 (2002)『福祉社会と社会保障改革——ベーシック・インカム構想の新地平』高菅出版.

貝塚市成果保護問題調査団 (2008)『当たり前の生活保護制度運用を目指して 貝塚市生活保護問題調査団報告書』

垣田裕介他 (2014)『生活困窮者への伴走型支援——経済的困窮と社会的孤立に対応する

　　トータルサポート』明石書店.

籠山京（1970）『低所得と被保護層』ミネルヴァ書房.

籠山京（1976）『戦後日本における貧困層の創出過程』東京大学出版会.

籠山京（1978）『公的扶助論』光生館.

堅田香緒里／山森亮（2006）「ベーシックインカム分類の拒否：『自立支援』ではなく、ベ
　　ーシック・インカムを」『現代思想』34（14），86-99頁.

片山さつき（2012）『正直者にやる気をなくさせる⁉　福祉依存のインモラル』オークラ出版.

加藤薗子（1979）「仲村・岸論争」真田是編『戦後日本社会福祉論争』法律文化社.

ガムロス，ルシア／セムラデック，ジョイス／トーンキスト，エリザベス編（1999）『自
　　立支援とは何か：高齢者介護の戦略』（岡本祐三・秦洋一訳）日本評論社.

加茂直樹（2008）「日本の社会保障制度の形成」『現代社会研究科論集』2008-03，2号.

萱野稔人編（2012）『ベーシックインカムは究極の社会保障か「競争」と「平等」のセー
　　フティネット』堀之内出版.

苅谷剛彦（2001）『階層化日本と教育危機――不平等再生産から意欲格差社会（インセン
　　ティブ・ディバイド）へ』有信堂.

河合幸尾　（1979）「生活保護制度とサービス論争」真田是編『戦後日本社会福祉論争』法
　　律文化社.

河合幸尾／宮田和明（1991）『社会福祉と主体形成――90年代の理論的課題』法律文化社.

河合幸尾（1994）『「豊かさのなかの貧困」と公的扶助』法律文化社.

權順浩（2016）「韓国における中間的就労の動向」『社会政策』通巻第24号.

上林陽治（2015）『非正規公務員の現在：深化する格差』日本評論社.

桔川純子（2010）「韓国市民運動の新しい展開――『社会的企業育成法』成立の背景」『大
　　阪経済法科大学アジア太平洋研究センター年報』3-9頁.

菊池馨実（2004）「公的扶助の法的基盤と改革のあり方――『自由』基底的社会保障法理
　　論の視角から」『季刊社会保障研究』第39巻第4号.

菊池馨実（2006）『社会保障の規範的基礎付けと憲法』国立社会保障・人口問題研究所.

菊池馨実編（2008）『自立支援と社会保障：主体性を尊重する福祉、医療、所得保障を求
　　めて』日本加除出版.

菊池馨実（2009）「ホームレス自立支援をめぐる法的課題」『季刊社会保障研究』第45巻
　　第2号.

岸勇（2001）『公的扶助の戦後史』明石書店.

北九州市生活保護行政検証委員会（2007）「最終報告書」https://www.city.kitakyushu.
　　lg.jp/files/000021300.pdf（2020.10.26確認）

北九州市生活保護問題全国調査団（2007）『北九州市生活保護問題全国調査団報告書』北
　　九州市社会保障推進協議会.

北九州市保健福祉局社会部保護課／監査指導課（1996）『軌跡――北九州市・生活保護の三十年』北九州市社会福祉協議会.

北場勉（2005）『戦後「措置制度」の成立と変容』法律文化社.

木下武徳（2005）「営利企業に委託されるアメリカの福祉事務所」『福祉のひろば』2005年7月号.

木下武徳（2007）『アメリカ福祉の民間化』日本経済評論社.

木下武徳(2014)「アメリカにおける公的扶助の政策課題――TANFの利用実態と就労インセンティブ政策の問題」『総合社会福祉研究』第43号.

金成垣（2010）『現代の比較福祉国家論――東アジアの新しい理論構築に向けて』ミネルヴァ書房.

金明中（2013）「韓国における雇用保険制度と失業者 支援政策の現状」『海外社会保障研究』No.183.

金耿昊編（2013）『在日朝鮮人生活保護資料（在日朝鮮人資料叢書8）』緑蔭書房.

金淵明編，韓国社会保障研究会訳（2006）『韓国福祉国家性格論争』流通経済大学出版会.

木村敦（2009）「精神障害者に対する『就労支援』施策についての考察――処遇理念の『変化と継続』を認識した上での『半福祉・半就労』批判」『大阪産業大学経済論集』第11巻1号.

木村忠二郎（1950）『改正生活保護法の解説』時事通信社.

木村忠二郎先生記念出版編集刊行委員会（1980）『木村忠二郎日記』社会福祉研究所.

木村牧（1981）『生活保護行政回顧』社会福祉調査会.

木本明（1999）「ナショナル・ミニマムは保障されているのか――生活保護制度と実際の制度運用状況の改善の必要性について（福祉事務所の現場から）」『ソーシャルワーク研究』 Vol.24, No.4, 26-32頁.

木本明（2000）「転換期の生活保護行政と福祉事務所の仕事を考える――現場から貧困・不平等と社会福祉の仕事を問い直す―レポート」第33回公的扶助研究セミナー『21世紀の公的扶助と社会福祉 その課題と展望を探る』レポート・資料集97-113頁.

京極高宣（2006）『生活保護改革の視点 三位一体と生活保護制度の見直し』社会福祉法人全国社会福祉協議会.

櫛部武俊／沼尾波子／金井利之／上林陽治／正木浩司（2014）『釧路市の生活保護行政と福祉職・櫛部武俊　自治に人あり〈5〉』公人社.

釧路市福祉部生活福祉事務所編集委員会編（2009）『希望をもって生きる――生活保護の常識を覆す釧路チャレンジ』筒井書房.

釧路市福祉部生活福祉事務所（2011）「生活保護受給者自立支援にかかわる第二次ワーキンググループ会議報告書（平成21年度～平成22年度）及び釧路市福祉部生活福祉事務所関係分資料（平成21年度～平成22年度）」

窪田静太郎（1980）「貧民救済意見書」日本社会事業大学編『窪田静太郎全集』日本社会事業大学.

熊沢誠（2006）『若者が働くとき――「使い捨てられ」も「燃えつき」もせず』ミネルヴァ書房.

黒木利克（1951）『現代社会福祉事業の展開』中央社会福祉協議会.

黒木利克（1954）『保護基準・不服申し立て――生活保護百問百答第七集』全国社会福祉協議会連合会.

黒木利克（1958）『日本社会事業現代化論』全国社会福祉協議会.

厚生省社会局監査指導課長塩崎信男（1987）『指導監査からみた 生活保護の実務』財団法人社会福祉調査会.

厚生省社会局保護課編（1981）『生活保護三十年史』社会福祉調査会.

厚生労働省（2010）「平成 21 年　国民生活基礎調査の概況」

厚生労働省（2011）「福祉行政報告例（平成 24 年 4 月分概数)」

厚生労働省（2019）「令和元年 地方分権改革に関する提案募集 提案事項」50-52 頁，https://www.cao.go.jp/bunken-suishin/doc/tb_r1_ko_kekka_12_1_3mhlw.pdf?fbclid=IwAR3tZYkzDDs4H_OTIkl0TnoFFl8e5OmNc7Fm5w0ndsMQlrcpVk_Rg3Jw5gk（2020.8.18 確認）

厚生労働省社会・援護局長（2013）「就労可能な被保護者の就労・自立支援の基本方針について」https://www.mhlw.go.jp/web/t_doc?dataId=00tb9601&dataType=1&pageNo=1（2019.9.6 確認）

厚生労働省社会・援護局保護課（2010）「生活保護基準未満の低所得世帯の推計について」https://www.mhlw.go.jp/shingi/2010/04/dl/s0409-2d.pdf（2020.9.2 確認）

厚生労働省社会・援護局保護課（2013）「生活保護関係全国係長会議資料 4 切れ目のない就労・自立支援とインセンティブの強化」https://www.mhlw.go.jp/seisakunitsuite/bunya/hukushi_kaigo/seikatsuhogo/topics/dl/tp130530-01-01.pdf (2019.9.6 確認）

厚生労働省社会・援護局保護課（2013）「切れ目のない就労・自立支援とインセンティブの強化」『生活と福祉』10 月号 No.691, 3-16 頁.

厚生労働省社会・援護局保護課長（2015）「被保護者就労支援事業の実施について」https://www.mhlw.go.jp/web/t_doc?dataId=00tc3403&dataType=1&pageNo=1（2019.9.6 確認）

公的扶助研究全国連絡会（1967）『社会福祉事務所　現業員白書』

公的扶助研究全国連絡会（1968）『社会福祉事務所　現業員白書』

公的扶助研究全国連絡会（1975）『公扶研の 10 年』全国社会福祉協議会.

公的扶助研究全国連絡会（1993）『公的扶助研究』No.154.

国立社会保障・人口問題研究所（2019）「『生活保護』に関する公的統計データ一覧」http://www.ipss.go.jp/s-info/j/seiho/seiho.asp　（2020.9.8 確認）

五石敬吾（2005）「自活支援事業改革の動向と就業貧困層」奥田聡編『経済危機後の韓国：成熟期に向けての経済・社会的課題──研究会中間成果報告』105-126頁.

五石敬路／岩間伸之／西岡正次／有田朗編（2017）『生活困窮者支援で社会を変える』法律文化社.

小杉礼子／堀有喜衣編『キャリア教育と就業支援　フリーター・ニートの国際比較』勁草書房.

後藤道夫（2007）「ワーキング・プアと国民の生存権」『経済』2007年8月号.

後藤玲子（2015）『福祉の経済哲学──個人・制度・公共性』東京大学出版会.

小沼正（1974）『貧困──その測定と生活保護』東京大学出版会.

小林勇人（2012）「生活保護のワークフェア改革と地方分権化」『現代思想』40（11），123-139頁.

駒村康平（2003）「低所得世帯推計と生活保護制度」『三田商学研究』46（3），107-126頁.

駒村康平（2008）「準市場メカニズムと新しい保育サービスの構築」『季刊社会保障研究』第44号第1号.

小山進次郎（1951）『改訂増補　生活保護法の解釈と運用』中央社会福祉協議会.

小山進次郎（2004）『改訂増補 生活保護法の解釈と運用（復刻版）』全国社会福祉協議会.

桜井啓太（2017）『〈自立支援〉の社会保障を問う 生活保護・最低賃金・ワーキングプア』法律文化社.

佐々木隆治／志賀信夫編著（2019）『ベーシックインカムを問いなおす：その実現可能性』法律文化社.

定藤丈弘／岡本栄一／北野誠一編（1993）『自立生活の思想と展望』ミネルヴァ書房.

佐藤郁哉（2008）『質的データ分析法　原理・方法・実践』新曜社.

佐藤克彦（2007）『福祉サービスの準市場化』ミネルヴァ書房.

佐藤久夫（2008）「障害者福祉政策の検証」日本社会福祉学会編『福祉政策理論の検証と展望』中央法規出版.

真田是編（1979）『戦後日本社会福祉論争』法律文化社.

志賀信夫（2016）『貧困理論の再検討──相対的貧困から社会的排除へ』法律文化社.

自治労京都市職員労働組合民生支部（1976）「福祉事務所の現状と問題点──その改革の方向」職場討議資料.

嶋内健（2011）「社会的包摂としてのアクティベーション政策の意義と限界──ワーク・アクティベーションとソーシャル・アクティベーション」『立命館産業社会論集』第47巻第1号.

嶋貫真人（2000）「生活保護における『自立の助長』の再考」第33回公的扶助研究セミナー『21世紀の公的扶助と社会福祉 その課題と展望を探る』レポート・資料集114-118頁.

清水浩一 (2003)「社会福祉改革と生活保護法『改正』の展望」『賃金と社会保障』No.1355.

清水浩一 (2004)「生活保護改革をめぐる論点整理」『賃金と社会保障』No.1369.

自民党（2012）「『手当より仕事』を基本とした生活保護の見直し」The Jimin NEWS H24.4.16 https://www.jimin.jp/policy/policy_topics/recapture/pdf/062.pdf （2020.12.10 確認）

社会福祉法人生活クラブ（2017）「ユニバーサル就労システムの高度化事業報告書」

社会保障審議会福祉部会（2004）「社会福祉事業及び社会福祉法人について」https://www.mhlw.go.jp/shingi/2004/04/s0420-6b2.html （2020.9.9 確認）

庄司洋子／杉村宏／藤村正之編（1997）『貧困・不平等と社会福祉』有斐閣.

庄谷玲子（1996）『現代の貧困の様相と公的扶助　要保護層と被保護層』啓文社.

白井康彦（2014）『生活保護削減のための物価偽装を糾す！』あけび書房.

白沢久一（1976）「公的扶助処遇論の理論化への諸問題――公的扶助労働論の視角から」吉田久一編著『戦後社会福祉の展開』ドメス出版.

白沢久一（1982）『公的扶助労働の基礎理論』勁草書房.

白沢久一／宮武正明（1984）『生活力の形成―社会福祉主事の新しい課題―』勁草書房.

白沢久一／宮武正明（1987）『生活関係の形成―社会福祉主事の新しい課題―』勁草書房.

白沢久一（1989）「公的扶助ケースワーク論再論」仲村優一編『福祉サービスの理論と体系――転換期をみすえて』誠信書房.

白沢久一（1990）『生活力と福祉政策』勁草書房.

白沢久一（1997）『戦後日本の公的扶助論の出発点』梓出版社.

自立支援プログラム開発研究会編（2006）『自立支援プログラムに関するアンケート調査報告書』自立支援プログラム開発研究会.

新保美香 (2006)「生活保護制度と自立支援」『月刊福祉』7月号.

菅沼隆（2005）『被占領期社会福祉分析』ミネルヴァ書房.

杉田昭博（2007）『障害学 理論形成と射程』東京大学出版会.

杉村宏（2002）『公的扶助――生存権のセーフティネット』放送大学出版.

杉村宏（2003）「貧困家族の自立支援とケースワーカー」青木紀編『現代日本の「見えない」貧困――生活保護受給母子世帯の現実』明石書店.

杉村宏（2007）『格差・貧困と生活保護――「最後のセーフティネット」の再生に向けて』明石書店.

杉村宏（2020）『生きるということ：私家版――生きる意味を公的扶助ケースワーク論に問う』萌文社.

杉本章（2008）『障害者はどう生きてきたか 戦前・戦後障害者運動史』現代書館.

鈴木一郎（1967）『生活保護法の法社会学的研究』勁草書房.

スピッカー，P．（1987）『スティグマと社会福祉』（西尾祐吾訳）誠信書房．

生活保護問題対策全国会議（2009）『アメリカ福祉改革の悲劇に学べ！～えっ!? 日本でも生活保護が5年で打ち切りに?』耕文社．

生活保護問題対策全国会議監修，尾藤廣喜／小久保哲郎／吉永純編著（2011）『生活保護「改革」ここが焦点だ！』あけび書房．

生活保護問題対策全国会議（2012）『間違いだらけの生活保護バッシング』明石書店．

生活保護問題対策全国会議（2013）『間違いだらけの生活保護「改革」』明石書店．

生活保護問題対策全国会議編（2017）『「生活保護なめんな」ジャンパー事件から考える』あけび書房．

生活保護問題対策全国会議（2018）『「生活保護法」から「生活保障法」へ』明石書店．

セン，アマルティア（1999）『不平等の再検討――潜在能力と自由』（池本 幸生・野上裕生・佐藤仁訳）岩波書店．

セン，アマルティア／後藤玲子（2008）『福祉と正義』東京大学出版会．

全大阪生活健康を守る会連合会編（2014）『不当弾圧と闘いの記録――生活健康を守る会への家宅捜索、その背景にあるもの』日本機関紙出版センター．

全国生活と健康を守る会連合会（1995）『全生連運動の40年』あかつき印刷．

総合人間学会編（2015）『〈居場所〉の喪失　これからの〈居場所〉――成長・競争社会とその先へ』学文社．

総務省統計局（2019）「労働力調査（詳細集計）平成30年（2018年）平均（速報）」https://www.stat.go.jp/data/roudou/sokuhou/nen/dt/pdf/index1.pdf（2019.9.27 確認）

副田義也（1995）『生活保護制度の社会史』東京大学出版会．

副田義也（2008）『福祉社会学宣言』岩波書店．

武川正吾（1999）『福祉社会の社会政策――続・福祉国家と市民社会』法律文化社．

武川正吾／金淵明編（2005）『韓国の福祉国家・日本の福祉国家』東信堂．

竹下譲／横田光雄／稲沢克祐／松井真理子（2006）『イギリスの政治行政システム』ぎょうせい．

竹下義樹／大友信勝／布川比佐史／吉永純（2004）『生活保護「改革」の焦点は何か』あけび書房．

竹下義樹／吉永純（2006）『死にたくない！　いま、生活保護が生きるとき』青木書店．

竹中平蔵（2020）「竹中平蔵　ベーシックインカム、今が導入の好機」https://news.goo.ne.jp/article/economist/business/economist-20200715180639888.html?page=1（2020.8.18 確認）

竹中平蔵／原英史（2020）『日本の宿題：令和時代に解決すべき17のテーマ』東京書籍．

武元勲（1978）「公的扶助労働論」『経済科学通信』第22号．

田多英範（2009）『現代日本社会保障論 第 2 版』光生館．

田多英範（2009）『日本社会保障制度成立史論』光生館．

田多英範編（2014）『世界はなぜ社会保障制度を創ったのか』ミネルヴァ書房．

橘木俊詔／宮本太郎監，駒村康平編（2018）『貧困（福祉＋α）』ミネルヴァ書房．

橘木俊詔／浦川邦夫（2006）『日本の貧困研究』東京大学出版会．

建石一郎（1989）『福祉が人を生かすとき』あけび書房．

立岩真也（2019）『弱くある自由へ──自己決定・介護・生死の技術 増補新版』青土社．

田中明彦（2011）「韓国における国民基礎生活保障法の現状と課題──貧困社会連帯の聞き取り調査を中心に」『龍谷大学社会学部紀要』第 39 号．

中央社会保障推進協議会編（2008）『人間らしく生きるための社会保障運動──中央社保協 50 年史』大月書店．

鄭在哲（2009）「変容する韓国のワークフェア政策」『海外社会保障研究』No.167, 29-43 頁．

津富宏／NPO 法人青少年就労支援ネットワーク静岡（2017）『生活困窮者自立支援も「静岡方式」で行こう‼ 2：相互扶助の社会をつくる』クリエイツかもがわ．

劔谷忠範他（2014）「SROI を用いた釧路市生活保護自立支援プログラムの事業評価」『社会福祉研究』第 119 号．

寺久保光良（1988）『福祉が人を殺すとき』あけび書房．

寺脇隆夫編（2007）『救護法成立・施行関係資料集成』ドメス出版．

寺脇隆夫編（2007）『救護法の成立と施行状況の研究』ドメス出版．

寺脇隆夫（2010）「旧法の全面改正＝生活保護法（新法）の立案過程」『社会事業史研究』第 38 号．

東京都板橋区／首都大学東京編，岡部卓ほか著『生活保護自立支援プログラムの構築：官学連携による個別支援プログラムの Plan・Do・See』ぎょうせい．

戸田典樹（2006）「生活保護業務における『自立支援プログラム』の評価と課題──大津市の実践報告を題材として」『龍谷大学大学院社会学研究科研究紀要』第 14 号．

戸田典樹（2007）「地方からの発信，『新たなセーフティネットの提案──〈保護する制度〉から〈再チャレンジする人に手を差し伸べる制度へ〉』を生活保護現場から考える」『総合社会福祉研究』第 30 号．

戸田典樹（2009）「生活保護制度における自立助長の変遷と今日的課題」『龍谷大学社会学部紀要』第 34 号．

戸田典樹（2009）「生活保護制度における自立論の到達点と今日的課題」『龍谷大学社会学部紀要』第 35 号．

戸田典樹（2009）「生活保護制度改革による準市場整備の問題点と課題──自立支援プログラムや自立助長は商品なのか」『龍谷大学大学院研究紀要』第 16 号．

戸田典樹（2013）「韓国における自活事業と日本における生活保護自立支援プログラムと

の比較」大友信勝編著『韓国における新たな自立支援戦略』高菅出版, 21-39 頁.

戸田典樹（2016）「日韓比較研究からみる新たな中間的就労の可能性」『社会政策』第 8 巻
　　第 2 号.

戸田典樹（2017）「生活保護行政における自立支援の到達点と課題──伝統的自立支援を
　　克服し新しい自立支援の確立を目指して」大友信勝監修『社会福祉研究のこころざし』
　　法律文化社.

戸田典樹（2020）「生活保護制度における自立と自助についての政策動向の歴史的変遷」
　　『社会政策』第 11 巻第 3 号.

中囿桐代（2011）「釧路市生活保護自立支援プログラムの成果と課題」『社会科学研究』第
　　23 号.

中囿桐代（2012）「生活保護受給者に対する就労支援の意義──『釧路モデル』における
　　雇用と福祉の連携の課題」『社会科学研究』第 24 号.

中西正司（2014）『自立生活運動史──社会変革の戦略と戦術』現代書館.

中西新太郎（2007）「『自立支援』とは何か：新自由主義社会政策と自立像・人間像」後藤
　　道夫他『格差とたたかう：〈努力・チャンス・自立〉論批判』青木書店.

長沼健一郎（2008）「自立「支援」のための政策手法の検討」菊池馨実編著『自立支援と社
　　会保障：主体性を尊重する福祉、医療、所得保障を求めて』日本加除出版, 97-119 頁.

中村健吾（2019）「アクティベーション政策とは何か」『日本労働研究雑誌』2019 年 12 月
　　号 https://www.jil.go.jp/institute/zassi/backnumber/2019/12/pdf/004-016.pdf
　　（2021.1.3 確認）

仲村優一（1956）「公的扶助とケースワーク」『社会事業と諸問題』第 4 集.

仲村優一（1957）『ケースワークの原理と技術』社会福祉調査会.

仲村優一（1978）『生活保護への提言』全国社会福祉協議会.

仲村優一（1983）『ケースワークの原理と技術［改訂版］』全国社会福祉協議会.

仲村優一（1986）『公的扶助における処遇論』旬報社.

仲村優一（1989）『福祉サービスの理論と体系　転換期をみすえて』誠信書房.

仲村優一（2002）「公的扶助における処遇論」「公的扶助論」『仲村優一社会福祉著作集 第
　　五巻 公的扶助論』旬報社.

仲村優一（2003）「社会福祉の原理」『仲村優一社会福祉著作集 第一巻』旬報社.

仲村優一（2003）『社会福祉の方法──ケースワーク論』旬報社.

仲村優一（2003）「社会福祉行政における自立の意味」『社会福祉の原理』旬報社.

中山徹／宮下砂生／大阪市の地域福祉を守る会編（2012）『橋下維新が地域の福祉・医療
　　をこわす』自治体研究社.

中山徹／大阪自治体問題研究所編（2014）『雇用・くらし　教育再生の道──大阪都構想・
　　カジノからの転換』自治体研究社.

新田ひかる／星飛雄馬（2009）「ベーシック・インカムは可能である」『やさしいベーシックインカム』サンガ.

日本社会福祉学会編（1958）『日本の貧困：ボーダー・ライン階層の研究』有斐閣.

日本弁護士会編（2007）『検証 日本の貧困と格差拡大大丈夫？ ニッポンのセーフティネット』日本評論社.

日本弁護士会編（2009）『労働と貧困 拡大するワーキングプア』あけび書房.

橋下徹（2012）「『維新八策』最終案の全文掲載しました」橋下維新ステーション https://h-ishin.com/ishin-party/347/（2020.3.8 確認）

長谷川俊雄（2005）「「分離論」「一体論（統合論）」を超えて」『賃金と社会保障』No.1399.

畠中享（2015）「2012 年公的年金改革における高齢者低所得対策——年金生活者支援給付金法を中心に」鷲谷徹編著『変化の中の国民生活社会政策の課題』中央大学出版部.

林明子（2016）『生活保護世帯の子どものライフストーリー 貧困の世代的再生産』勁草書房.

原昌平(2016)「貧困と生活保護（39） 人を死なせる福祉の対応（中）北九州市の悲劇」https://yomidr.yomiuri.co.jp/article/20160921-OYTET50018（2020.10.26 確認）

ハラリ，ユヴァル・N.（2019）『21Lessons——21 世紀の人類のための 21 の思考』（柴田裕之訳）河出書房新社.

反貧困ネットワーク大阪実行委員会（2010）『大阪の貧困——格闘する現場からの報告』耕文社.

樋口恵子（1992）「日本における自立生活運動（Movement of Independent Living in Japan）」https://www.dinf.ne.jp/doc/japanese/prdl/jsrd/rehab/r071/r071_032.html （2020.12.2 確認）

尾藤廣喜／木下秀雄／中川健太朗（1991）『誰も書かなかった生活保護法』法律文化社.

尾藤廣喜／木下秀雄／中川健太朗（1996）『生活保護法のルネッサンス』法律文化社.

布川比佐史編著（2006）『生活保護自立支援プログラムの活用 I 策定と援助』山吹書店.

布川比佐史（2009）『生活保護の論点：最低基準・稼働能力・自立支援プログラム』山吹書店.

福祉事務所現業員白書編集委員会編（1981）『いのちの重みを背負って』ささら書房.

藤城恒昭（1997）「五法ワーカーと町村職員の現状と課題」小野哲郎他監修『福祉事務所と社会福祉労働者』ミネルヴァ書房.

藤田孝典（2015）『下流老人 一億老後崩壊の衝撃』朝日新聞出版.

藤田孝典（2016）『続・下流老人 一億老後疲弊社会の到来』朝日新聞出版.

藤本武編（1981）『日本の生活問題と社会福祉』ドメス出版.

藤藪貴治／尾藤廣喜（2007）『生活保護「ヤミの北九州方式」を糾す』あけび書房

星貴子（2017）「低所得者に対する就労インセンティブ強化に向けた課題」『Japan Resea

rch Institute review』2017 年 11 月号 https://www.mizuho-ri.co.jp/publication/res
　　earch/pdf/report/report12-0510.pdf（2020.7.16 確認）

星野信也（1996）「書評・生活保護制度の社会史」『社会福祉研究』第 65 号.

許賢淑（2016）「韓国の勤労貧困層（Working Poor）に対する勤労連携就業支援政策から
　　の考察」『社会政策』通巻第 24 号.

堀江貴文（2008）「ベーシックインカムの話」六本木で働いていた元社長のアメブロ
　　https://ameblo.jp/takapon-jp/entry-10178349619.html（2020.3.8 確認）

ボーンシュテット，G・W.／ノーキ，D.（2009）『社会統計学　社会調査のためのデータ
　　分析』（海野道郎・中村隆監訳）ハーベスト社.

本田由紀（2007）『若者と仕事 「学校経由の就職」を超えて』東京大学出版会.

前田雅子（2016）「個人の自立を支援する行政の法的統制：生活保護法上の自立とその助
　　長」『法と政治』第 67 巻 3 号, 1-39 頁.

牧園清子（2013）「生活保護と民間委託」『松山大学論集』第 25 巻第 2 号.

正木浩司（2014）「釧路市の生活保護自立支援プログラムの特徴と意義」『自治総研』通巻
　　433 号.

松本伊智朗編（2017）『「子どもの貧困」を問いなおす――家族・ジェンダーの視点から』
　　法律文化社.

三浦文夫（1995）『増補改訂 社会福祉政策研究――福祉政策と福祉改革』全国社会福祉協
　　議会.

三島亜紀子（2007）『社会福祉学の〈科学〉性――ソーシャルワーカーは専門職か？』勁
　　草書房.

三島亜紀子（2017）『社会福祉学は「社会」をどう捉えてきたのか「ソーシャルワークの
　　グローバル定義による専門職像」勁草書房.

水島宏明（1990）『母さんが死んだ――しあわせ幻想の時代に』ひとなる書房.

水島宏明（2007）『ネットカフェ難民と貧困ニッポン』日本テレビ放送網株式会社.

道中隆（2009）『生活保護と日本型ワーキングプア――貧困の固定化と世代間継承』ミネ
　　ルヴァ書房.

道中隆／杉本正（2006）「生活保護における最低生活費と就労インセンティブ――被保護者
　　の就労支援方策と就労自立の困難性」『帝塚山大学心理福祉学部紀要』(2) 97-120 頁.

三矢陽子（1998）『生活保護ケースワーカー奮闘記　豊かな日本の見えない貧困』ミネ
　　ルヴァ書房.

宮嵜晃臣／兵頭淳史（2015）『ワークフェアの日本的展開――雇用の不安定化と就労・自
　　立支援の課題』専修大学出版局.

宮田和明（1996）『現代日本社会福祉政策論』ミネルヴァ書房.

宮武正明（2014）「貧困の連鎖と学習支援——生活困難な家庭の児童の学習支援はなぜ大切か（2）」http://www.hosen.ac.jp/kodomo/pdf/bulletin/2013/12Miyatake.pdf（2016.3.29 確認）

宮本太郎（1999）『福祉国家という戦略：スウェーデンモデルの政治経済学』法律文化社.

宮本みち子（2012）『若者が無縁化する——仕事・福祉・コミュニティでつなぐ』筑摩書房.

三和治（1999）『生活保護制度の研究』学文社.

みわよしこ（2013）『生活保護リアル』日本評論社.

民主党（2012）「09総選挙マニフェスト実績検証 5雇用・経済」41頁, https://www.dpj.or.jp/article/101657（2020.10.26 確認）

村上貴美子（1987）『占領期の福祉政策』勁草書房.

村上貴美子（2000）『戦後所得保障制度の検証』勁草書房.

村田隆史（2018）『生活保護法の成立過程の研究』自治体研究社.

森川清（2009）『権利としての生活保護法』あけび書房.

山田篤裕／駒村康平／四方理人／田中聡一郎／丸山桂（2018）『最低生活保障の実証分析 生活保護制度の課題と将来構想』有斐閣.

山田晋(2008)「低所得対策・最低生活保障と自立」菊池馨実編『自立支援と社会保障——主体性を尊重する福祉、医療、所得保障を求めて』日本加除出版株式会社.

山田壮志郎（2009）『ホームレス支援における就労と福祉』明石書店.

山森亮（2009）『ベーシック・インカム入門——無条件給付の基本所得を考える』光文社.

湯浅誠（2007）『貧困襲来』山吹書店.

湯浅誠（2008）『反貧困——「すべり台社会」からの脱出』岩波書店.

横山和彦／田多英範（1991）『日本社会保障の歴史』学文社.

横山壽一（2003）『社会保障の市場化・営利化』新日本出版社.

吉田久一(1976)『戦後社会福祉の展開』ドメス出版.

吉永純（2004）「利用者本位の生活保護改革を①、②、③」『賃金と社会保障』No.1360, 1364, 1365.

吉永純（2011）『生活保護の争点——審査請求、行政運用、制度改革をめぐって』高菅出版.

リスター, R.（2011）『貧困とは何か：概念・言説・ポリティクス』（立木勝・松本伊智朗監訳）明石書店.

ルグラン, ジュリアン（2008）『公共政策と人間——社会保障準市場改革』（郡司篤晃監訳）聖学院大学出版.

ロールズ, ジョン（2010）「正義論」（川本隆史・福間聡・神島裕子訳）紀伊國屋書店.

和久井みちる（2012）『生活保護とあたし』あけび書房.

Charlton, James I.（2000）*Nothing About Us Without Us*". University of California Press

事項索引

人名索引

戸田典樹（とだ・のりき）

京都府生まれ。関西学院大学法学部卒業。佛教大学大学院修士（通信）課程、龍谷大学社会学研究科博士後期課程修了。博士（社会福祉学）。京都府教育委員会、大津市役所、会津大学短期大学部を経て、現在、神戸親和女子大学発達教育学部福祉臨床学科教授。

主な著書：『福島原発事故　漂流する自主避難者たち』（編著、明石書店、2016 年）、『福島原発事故　取り残される避難者』（編著、明石書店、2018 年）

公的扶助と自立論
——最低生活保障に取り組む現場実践から

2021年3月31日　初版第 1 刷発行

著　者	戸 田 典 樹
発行者	大 江 道 雅
発行所	株式会社 明石書店

〒101-0021　東京都千代田区外神田 6-9-5
電　話　03（5818）1171
Ｆ Ａ Ｘ　03（5818）1174
振　替　00100-7-24505
http://www.akashi.co.jp

装丁　　　　明石書店デザイン室
印刷・製本　モリモト印刷株式会社

（定価はカバーに表示してあります）　　　　　　　　ISBN978-4-7503-5178-0